そばを打つ　そばを語る

鵜飼良平
松田伸一

三一書房

まえがき

一般社団法人日本麺類業団体連合会（日麺連）名誉会長　鵜飼良平

私たちがふだんよく耳にする言葉に〈衣・食・住〉がある。

着るもの、食べるもの、住む家《ところ》は、どれも私たちの生活に必要なものである。その中でも特に人の命に係わる大事なものといえば、何といっても〈食〉が、なくてはならないものであることは誰にでもわかることである。

食べるものがなかったら人間は生きていけない。ふだん私たちはあまりそんなことは考えないが、常日ごろ私たちがものを食べているということは、実は人間が生活するうえで、とても大事なことなのだ、と改めて考えさせられてしまう。

私は東京の上野で、祖父母の代から父母、そして息子まで、四代にわたってそばの店「籔安」（私の代で店名を「上野籔そば」と改名）のお店を続けて、今に至っている。もともと家は、私が生まれた時からそば屋だったので、〈食〉について深く考えるなどということはなかった。そば屋の息子がお店を継ぐのは当たり前だと思っていたからである。

ところが小学生の時、日本は戦争になって東京で生活できなくなり、私たち一家は祖母の実家のある石川県の七尾市に疎開することになった。父は当時出征していたので私たち家族とは別に、部隊に残って東京近郊で任務に就いていた。こうして私は東京で暮らしていた時とは全然違う生活を始めなければならなかった。学校も変わり、日常生活の上でも、食事はそれ以前とはまったく変わってしまった。

やがて敗戦を迎えてから一家は東京へと戻り、父は空襲で焼け野原になった上野で、掘っ立て小屋を建ててそばの店を再開した。わたしもそこでお店の手伝いから徐々に、そばの作り方を身近に見るようになった。そして小学校から大学を卒業するまで、再び集まった家族や同業者の方々から麺類の作り方、作法、技術を自然に学んでいった。そうしていくうちにそばを始めとする〈食〉の大切さを段々と自覚するようになっていった。それはいまでもなお私の中で続いている。

この本の共著者の松田伸一さんは、私と同じ昭和十二（一九三七）年に、東北の山形県で生まれ、私とは対照的に「そば」や「食」とはあまり関係のない生活をおくってこられた。その松田さんがなぜ私と共著でこの本を書かれたのかについては、本書をお読みいただきたいのだが、要は私と同年生まれで、生活環境もまったく異なる人生を送ってきた二人の対照的な生き方と、後に二人がそばを介して出会い、交流するに至るまでを、彼と私のその時々の生活を交互に並べて読めるようにしたものである。本書ではいままであまり語ったことのない私のそば屋人生の表裏と、独断と偏見を承知の上で、自分のそば打ちの手法を書かせていただいた。
そば屋の親父のことばとして、幾分かはそば好きの人や、そば打ちに興味のある読者のお役に立つことができるかもしれない。
コロナ禍の三年間、国産食糧、食糧輸入先の国内事情、適正価格、安定供給、安全な食物生産などに思いを巡らせた。そばで人と人とを結びつけ、郷土で育てて味わう「おらがそば」を目指す多くの愛好者の方々に感謝したい。

なお八十を軽く超えてしまった二人の話なので、内容の年代が前に戻ったり、先にとんだりすることがあるが、その点はご容赦ください。

令和五（二〇二三）年九月

もくじ

もくじ

上野育ちの私の話

鵜飼良平

祖父と藪安と私

上野の藪安は私の祖父安吉が「神田藪そば」から暖簾《のれん》を分けていただいて明治二十五（一八九二）年に祖母と二人で上野駅前の現在の場所（台東区上野六丁目）に「藪安」という屋号でそば屋を開いたのが始まりである。上野駅が完成したのが明治十八（一八八五）年。その七年後にそば屋を開業した祖父から数えて三代目が私である。祖父の言葉を借りれば「当時のそば屋のそばは半割りで、そば粉五割つなぎ粉五割が普通だった」という。だが上野藪安は「そば粉七割、つなぎ三割」で、そばの味が格別で人気を博したといわれる。現在はその心意気を踏襲し、全国から食味の良いソバの実を選りすぐり、集めて独自に製粉した「ソバ粉八、つなぎ二」の二八そばを主に供している。そのお陰で「上野藪そば」の暖簾が今も健在で皆さんからご贔屓《ひいき》にされているのだと思う。

私が生まれたのは昭和十二（一九三七）年秋の九月二十三日、秋分の日であった。そのころの日本は軍国主義の色合いが濃く、昭和十五年に開催が決まっていた東京オリンピックも中止に追い込まれ、世情が激しく揺れ動く中にあった。初代、安吉は東京オリンピック開催予定の翌年、黄泉の世界へと旅立った。享年七十三歳だった。私が三歳の時である。

ついに日本は昭和十六（一九四一）年十二月八日、米英に対し宣戦を布告し、戦争へと進むことになる。このような戦時下の中でも上野駅界隈は北からの玄関口といわれ、人の往来が盛んで食べ物を扱うそば屋の商売は結構忙しかったように子どもの私の眼には映っていた。

初代安吉がこの世を去ってから、商いの方は二代目の父が中心となり、気丈な祖母と母が支えてそば屋の店を続けることになった。

世情が目まぐるしく変わる戦時中にあり、残された二代目の父と祖母、母の家族営業が続けられた。そば屋という食べ物商売には、世情の移り変わりがあっても、それほど悪い影響はなかったと聞いている。だが、戦争の影響で衣類や食糧などが統制品となり、日常生活に必要な物資の供給も滞り始め、戦局が次第に長引くにつれ、米英連合軍の反撃が激しくなり、日本の戦況が劣勢に傾き始めていた。

少年時代

そのような世相の中で私が東京都下谷《したや》国民学校に入学したのが昭和十九（一九四四）年春。そのころになると戦局は急速に不利になり、制空権を喪失した日本本土への空襲が始まった。資源の乏しい我が国にとって戦争に必要な戦時物資が欠乏し、戦争と関連の薄い民間の印刷や製糸業などの金属機械類の供出が強要され、一般家庭の不要な鍋や釜までが強制的に供出の対象になり、「欲しがりません、勝つまでは」の標語が電柱や板塀などに貼られて目に付く時代に。商売用の鉄製の製麺機は、食に関する機械であることで供出から除外され、製造元の工場に疎開し保管されることになった。

本土防衛対策のため、空襲の爆撃目標となる工業地帯や人口密集地域においては、防御と避難対策として家や家財道具なども含め、幼い子どもや年老いた人たちは爆撃目標区域から逃れる疎開が強要された。

米軍のＢ29という大型爆撃機は一機に九トンもの爆弾を積み、一万メートルの上空を飛び本土守備軍の高射砲が届かない上空から襲いかかってきた。無防備に等しい日本の上空を荒らし回ったＢ29が編隊を組み、銀色に光る大きな機体が飛び交うのを目撃したことが幼い脳裏に残っている。もう、商いなどできる状態ではなかった。

政府は昭和十九年六月に「一般家庭の疎開促進と学童疎開を一層強力に勧奨するものとす」と都民に勧告している。本土への空襲（空爆）が開始されたのは私が小学校に入学して間もなくであった。東京に本格的な空襲が始まったのは昭和十九（一九四四）年十一月二十四日。米軍は百機以上のＢ29で飛行機工場周辺を狙い、爆撃したとの記録がある。

我が家でも、隣組単位で共同の防空壕を掘るなど、緊急避難先の確保や家財道具の整理を始めたのは下谷小学校に入学して間もなくだった。そのころ、東京への空襲は飛行機工場や町工場の密集地帯を中心にした爆撃だったが、その範囲は次第に広く激しくなり、一般住宅街など無差別に爆弾を投下し、火災を引き起こす焼夷弾を満載した爆撃機が昼夜の別なく飛来した。爆撃も打ち寄せる波の如く間断なく続き、爆撃機の数も日を追うごとに増えてきていた。空襲も繰り返すごとに低空からの襲撃となり、命中度が正確になってきて、人々は逃げ場を失い被害が拡大していった。

まだ小学一年の私は、親や、祖母の言うまま手を引かれての逃避行、上野から渋谷区にある代々木の練兵場まで走り続けた記憶が微かにある。年寄りにはきつい避難であったろう。民間の家財道具の避難や疎開先に向かう人たちで、上野駅の荷物扱い場は常に混みあってごった返していた。命を守ることすら難しい緊迫した毎日が続いた。

上野の近辺は商店街、寺社、住宅の密集地で、交通の要所であることから爆撃の目標として狙われ易い土地柄である。政府の方針でもあったのであろうが、燃えやすい木造家屋を壊す建物疎開で家族と一緒に、小学三年生以上は学年単位で学童疎開と区別され、一年生の私は縁故疎開で親戚縁者を頼っての疎開となった。（＊註・建物疎開とは、空襲による火災の延焼を防ぐため、隣接する木造家屋を壊すこと）

再興を期しての疎開である。商売に使う調理道具を始め食器類、そば打ち道具一式を滋賀県の祖父の実家に保管してもらうことになった。困難を極める中で親戚という血縁だけが頼りだったのである。

祖母の決断は早い方だったと思っている。祖母の実家は石川県七尾市である。七尾市は能登半島の付け根で七尾湾の奥にあり、比較的空襲の対象にはなりにくい土地柄と考えられ、関西方面の小学校からの集団での疎開地域として選ばれていた。

祖母の実家と疎開に関する連絡調整も大変難儀なことであったであろう。大人は祖母と母、子ども三人の家族五人もの落ち着き先もそう簡単に探せるものではなかったと思われる。六月に勧告が出てすぐ実行したとしても、連絡は郵便書簡の往復であったため、落ち着く先が決まるまで何日も要したであろう。すでに姉は学童疎開で福島県の会津にある東山温泉で疎開生活に入っていた。

夏休みが始まるとすぐ、上野を引き払い、兵役に出ている父と別れ、家族五人で七尾に向かった。上野発の夜行列車だった。

この時の車内は暑くて混みあっていた記憶がある。汽車がトンネルに入るたびに、開け放された窓から機関車から出る煤煙が車内に充満する。慌てて窓を閉め合う光景や、金沢駅で乗り換えのため下車したことなどが、断片的な記憶として脳裏に残っているだけである。

七尾市に疎開すれば空襲の恐ろしさから逃れられるというのが嬉しかったのであろう。列車の旅は祖母と母に頼り切って、何の不安もない旅であった。毎晩の空襲の恐ろしさから逃れられる、その期待感が大きかったのだと思う。

東京では昼夜の別なく頻繁に、突如としてラジオからブザー音が鳴り響いて「東部軍管区情報・東部軍管区情報、〇〇地方に空襲警報発令」などの音声と共に避難を繰り返す毎日だった。だから、見知らぬ土地であってもその恐ろしさから解放される期待が大きかったのかもしれない。

私たちが東京を出た直後から、東京への空襲も夜の暗闇を狙って真夜中になり、一晩に何回も絨毯爆撃が繰り返された。

翌年の昭和二十（一九四五）年三月十日の東京大空襲の悲惨な体験をせずに済んだが、この時は「低空から無差別に投下された焼夷弾は千六百六十五トン、死者十万人以上、被災者数約百万人以上」と語り継がれている。

七尾市内には、もうすでに大きな寺院などに関西地域の学童たちが大勢疎開していた。学童疎開というのは学年ごとやクラスごとの集団での疎開。だから生徒たちは疎開先である学校の管理下となり、地域の学校行事と同じ活動を行なうことになる。縁故疎開児の私は、地元の学校のクラスに編入された。

七尾での疎開生活

祖母の実家は鮮魚店を営んでおり、街中に大きな店舗を構えていた。その店の近くにある竹細工店の空き部屋二間を借りてくれていた。

竹細工店は、道路に面した間口が三間ほどあった。住居と店舗兼作業場があり、奥にある三間のうち二間が家族の仮の住まいとなった。

家の出入り口からの通路は土間となり、調理用の流しと煮炊き用のかまどがあり、一番奥にくみ取り式の便所があった。台所と便所は家主と共用だった。遊び盛りの兄と私は大声で戯れ合い、騒ぎ立てると家主から「騒がしい」と幾度も注意を受けた。

家の隣は広い畑で、畑の主は当時六十歳を過ぎた温厚な人で、私たちきょうだいに優しく、畑の手伝いのまねごとをすると、採りたての野菜などをくれた。

その地で、その夏から、いつまで続くのか先の見えない疎開生活を送った。出征した父は無事だろうか、福島へ一人で疎開している姉は元気でいるだろうか、と、残された家族で時折話すこともあった。秋の米の穫り入れがあり、その後には厳しい冬を過ごした。

七尾での生活に慣れたころのことである。私たちより一足早く集団疎開で福島県東山温泉に学童疎開で家族と別れていた高学年の姉が、一人で福島から満員列車を乗り継ぎながら七尾に来た。一人での長旅はどんなにか心細かったであろう。だが私にとってはきょうだい三人で一緒に登下校できたことが嬉しかった。

私は低学年で早い時間の下校だが、校門で兄と姉を待ち三人一緒に帰った。家の中では灯火管制で電球の周りを黒い布で覆った灯りであったが、空襲警報のない夜で家族揃って暮らせたことが東京での生活とは比べられない安堵感があった。

そのころの日本本土の状況は、男の働き手を戦地に送り、家庭を守るのは歳老いた人たちと幼い子どもたちだけだった。十五歳以上の男子は予備兵として戦闘訓練を受け、女子も軍需工場の重要な担い手となり、挺身隊員としてお国のために死力を尽くしていた。

疎開先では小学校高学年の子どもたちは、勤労奉仕ということで、農家の手伝いが授業であった。二年生の私も、畑の草取り、田圃に出て「スズメ追い」や「イナゴ獲り」「落穂ひろい」などの手伝いをした。農家の手伝いをするとサツマイモやカボチャの葉柄などを駄賃としてもらい、煮つけなどにして食べた。サツマイモやカボチャは売るもので、貰うのはその葉柄（蔓と葉の間の茎）など商品価値のないものである。その他に春にはヨモギやセリなども貴重な食べ物だった。

そのころの食事（食糧）状況など語り合える人も今は少なくなった。昔の苦労話などするとただ笑い者になるばかりである。もちろん、食糧など生活物資は配給制であって平等に行き渡るはずだが、配給する物資がない。そんな大人社会の苦労を身近に感じながら育った。

祖母の実家を頼っての家族揃っての疎開は恵まれた方であったろう。だが、縁故疎開児童は地域の人たちと一緒のクラスに編入される。疎開児童はクラスに一人か二人と少なく、孤独感があった。学友とは離れ離れとなり、身に着けている衣服の違いや教科書も異なり、語り合える友もなく、お客様のような存在で、小学校生活も決して居心地良いものではなかった。私は方言に悩まされた。子ども同士で語り合う機会も少なく、言葉使いも持ち物も服装も何もかも違っていた。そのような周囲の環境からか、孤独感と弱者感に陥るのは当然のことである。いま老境に至って当時のことを思い起こすと、七尾で体験したことが潜在意識となって残り、弱者と支配する側と両方の立場の違いが理解できるようになったように思える。疎開先で過ごした経験によって弱い立場に立った人たちのことを考えられるような人間になったことが、私にとって大きな心の財産となっている。

七尾市での学校生活は疎開児童の誰もにこもごもな思い出があるだろうが、幼い私にとっても学ぶこと、食べること、遊ぶこと、共同で仕事をすることなど何につけても、これらの体験がその後「そば屋」という職業に就き、商売や人との交流を円滑にできたことに役立っている。幼児期の「譲り合い、助け合い」の体験があったことは貴重なことであった。

この疎開という体験が寒河江との結びつきの始まりで、松田さんは疎開児童を迎える側であった。私は迎えられる側であったが、焼夷弾による絨毯爆撃の恐ろしさと、疎開先で難儀している私たちと同じ境遇にあった多くの仲間たちがいる。都会から田舎に疎開しなければならない人たちでも、幼心に互いにどのような気持ちで受け止め合っていたのであろうか。

山形の田舎町での生い立ち

ふるさと寒河江そば工房　相談役

松田伸一

葉山

地域活動への参加

私は、明治時代に祖父が綿屋を開業してから三代目の長男として昭和十二（一九三七）年六月に山形県寒河江町（現寒河江市）六供町に生まれた。

地元の高等学校を昭和三十一（一九五六）年に卒業し、すぐに父の跡を継いだ。父は私が高校二年の時、脳溢血で倒れ、半身不随の状態であったので、高校在校中から綿屋の仕事を母と一緒に営むことになった。敗戦から復興へと進む中、寝具の需要も増え、豪華な花嫁布団などの需要が高まる時代であった。若輩の若僧だった私は、手練手管にたけた取引先に幾度も騙されながらも三人の子どもを育て上げた。

自営業ということもあり、私は地元の青年団活動から始まり、青年会議所、子ども会育成会、ＰＴＡ活動、集落公民館主事を皮切りに寒河江市の公民館活動推進員とか、社会教育指導員、社会教育委員、児童センター運営委員、市立図書館運営委員などを通し、青年期から壮年期のほとんどを地域活動などに情熱を燃やした。

中でも自然環境問題や後にそば打ちに関わった活動期間が長い。自然環境教育としてはキャンプの指導者として二十二年間、寒河江市の葉山キャンプ場で中学生たちと一緒に葉山登山を何年も続けた。キャンプ仲間とは葉山から月山の縦走なども続けた。その間に日本キャンプ協会のキャンプディレクターや、環境庁の環境カウンセラーなどの資格も取得した。

五十四歳の時、このような経験から請われて市議会議員になった。年齢が六十五歳を過ぎると野外活動も次第に遠のくようになり、五十歳ころから始めたそば打ちが今も活動の中心になっている。そば打ちのきっかけとなったのは、やはりキャンプ活動である。

そばとの出会い

私は市の関係者から請われ、四十六歳(昭和五十八・一九八三年)から五十歳までの四年間、寒河江市中央公民館に非常勤職員として勤めたが、公民館が実施している中学生葉山キャンプの野営長は、四十五歳の時から毎年担っていた。

中学生キャンプを実施したのは夏季休暇の間、二泊三日にわたる野外活動の野営長を担当してから十年目のころであった。キャンプには市内の中学の一年生から三年生まで約三十名を募集する。多い時には四十名以上の時もあった。指導は民間の公民館活動推進員と公民館職員が担当する。

市内の同じ中学生を対象に毎年実施しているので、三年連続の参加者が半数以上を占め、互いに信頼関係ができることも指導者仲間の生き甲斐でもあった。活動内容も三年を一つのサイクルとして、三年に一度は市内の最高峰「葉山」の山頂を越え「月山」の麓にある肘折《ひじおり》温泉キャンプ場まで約八時間の縦走をするのが最大の活動内容であった。

キャンプ生活で重要なものに炊飯活動がある。回を重ねると献立にも工夫が求められ、六回目ごろから麺類が登場した。谷川から水を引いて行なった流しそうめん、そして八回目から手打ちそばを取り入れることになった。仲間たちで行なうそば打ち指導は、祖父母たちからの耳学問だけで、実際には手ほどきなど受けたことがなかったのだが、思い切って実施した。今思うとそれは散々なでき栄えであったが、子どもたちの満足げな姿に安堵をした記憶が今も消えない。そんな時に出会ったのが山形県大石田町の「きよさん」である。

その当時の公民館職員にそばの好きな人がいて、大石田町内の来迎寺《らいごうじ》公民館にソバの製粉機が設置されたのを聞きつけ、そば打ちを習いにその公民館を訪れた。

大石田町は最上川の中流域で、眼下にとうとうと流れる最上川の川面を眺めることができる。上流は川底に岩礁が隠れ、渇水期には岩礁がむき出しになる。昔から最上川の三難所の一つ「隼《はやぶさ》の瀬」と呼ばれる。大石田町は江戸時代には最上川舟運の中継拠点として栄えた町として知られる。

その昔、出羽路をたどった俳聖、松尾芭蕉が大石田に逗留した時の句に「五月雨を 集めて涼し 最上川」と詠んだことが『奥の細道紀行』に記されてある。芭蕉はその後、出羽三山の羽黒山に詣でて、本合海《もとあいかい》（現新庄市）という所から酒田に向かう舟の中で、梅雨時の雨で増水した川の流れを見て「五月雨を 集めて早し 最上川」に改めたという。

来迎寺集落は大石田町の西側で、集落の真ん中に公民館がある。この公民館に昭和六十一（一九八六）年に地域活性化の目的で、県や町の助成でソバ製粉機が据えつけられ、集落挙げて「そばの里」づくりを目指していた。

そば打ちを習う

その当時、来迎寺公民館長が製粉機の操作を行ない、地域の婦人会長でもある館長の奥さんが、そば打ちの指南役を担っていた。私たちが訪れたのは昭和六十三（一九八八）年二月下旬、国道の両側に除雪で集められた残雪がまだ一メートル余の壁となって残っていたが、日差しの温かい日であった。

来迎寺集落は寒河江から車で約一時間程度の距離。公民館一階の隅に製粉機が据えられ、二階に広間と台所がある。建物自体は、築六十年以上経過した地区の共同農作業場を改修したものであった。

婦人会長さんは「きよさん」といい、和服の似合う小柄で身ぎれいな人で、口数が少なく、集落で行なう冠婚葬祭の慣習や、地区伝来の漬物などの保存食作りなどのベテラン。地域には欠かせない人で、何事につけ頼りになる「おばちゃん」的存在といわれていた。

この日は私たちと白いエプロン姿の婦人会役員の皆さんと一緒に「そば打ち」の手ほどき

を受けることになっていた。二階の広間にはブルーシートが敷かれ、長い座卓を二枚合わせた上にシナベニア板を載せた臨時のそば打ち台が用意されていた。互いの挨拶が終わるとさっそく、会長のきよさんのそば打ちが始まった。

ソバ粉の計量には一升枡を使うとあるが、ソバ粉の一升は枡に山盛りだった。計量は重さではなく容積で粉を計り、使う道具もきよさんが家から持参した湯呑み茶碗と汁椀を使い、練り鉢は用いなかった。打ち台にソバ粉を盛りつけて準備完了。麺棒は径四センチくらいで長さは七十センチほどの太いものを用いた。年代を感じさせる古いものであった。

手順などについても大まかな説明すらなく、きよさんはすぐに実演を始めた。まず、ソバ粉にはつなぎ粉は使わない。一升枡に盛り付けたソバ粉をやや二等分にして打ち台の上に二つのソバ粉の山を作った。一つのソバ粉の山を正面に置き、山の中央に径十五センチ程のくぼみを作り、くぼみの底に一センチぐらいソバ粉が残るような形にする。その段階で、「なぜ半分ずつにするのですか」の問いかけに「いつもこうやっているから」の答えが返る。

そのくぼみに、持参した汁椀に満たした熱湯を注ぎ入れる。くぼみに注がれた湯で周囲のソバ粉が糊化して黒っぽく見える。糊化した部分を菜箸で湯の中に引き込む。湯は周囲の粉に触れるとさらに糊化が始まる。繰り返すと周囲の糊化が広がり、湯が少なくなると菜箸を湯の中で回転を加える。すると糊化した部分が一体となって粘度が強くなり、全体が回り始める。この段階で周囲の粉が糊化した部分と触れ合い、ピンポン玉くらいの塊がいくつもできる。

この時、何故持参した汁椀で熱湯を注ぐのかが納得できた。糊化した粉が全体に行きわたり、いくつかの塊になるのに適した湯の量なのであろう。糊状になった塊に周囲のソバ粉を絡ませるように混ぜ合わせ、頃合いを見て湯呑茶碗八分目ほどの冷水を加えて、更に箸で練り続ける。そして手を入れても熱くない程度に冷めてから手でこね始めた。

次に脇に置いてある残りの粉を正面に移す。この時点で塊は「べとっ」とした状態にある。残りの粉を徐々に加えながら練り込んでいく。湿り気のない粉は塊に混ざり難く、なかなか塊と馴染めない感じだが、丹念に少しずつ繰り返し練り続ける。ソバ粉の混ざり合いが進むと塊が次第に硬さを増し、目標の耳たぶの硬さになるまでソバ粉を加えながら練り続ける。手ごろな硬さになるまで案外と長い時間を要した。だが、この地域に伝わる水回しと、これの作業手順なのであろう。練りの完了は塊の硬さで決めていた感じがした。

地延《じの》しなどは簡単に仕上げ、延《の》し棒で生地を延ばす。形は丸く延す。厚さの凹凸などはそんなに気に留めるようすもない。ただ淡々と麺棒を転がしているように感じた。全体が二ミリ程度で延しが終わる。「打ち粉」はなく、同じソバ粉を用いる。いわゆる友粉である。

打ち粉を均等に振り終えると、生地の端に麺棒を乗せ、麺棒に生地をくるくるとゆるく巻きつけてから、切り板に乗せる。芯となっている麺棒を引きぬき、反物のように延した本体を菜切り包丁を使い、そばの幅を均等に真っすぐに切る。この時に当てる小間板を使わず、手を当てて手小間で切る。切り幅は二ミリくらいで一握りくらい切ると、打ち粉を軽く振り落とす程度で、できたそばを纏めて生船《なまふね》に並べ入れる。このようなそば打ちを見習ってから実際に打つことになった。きよさんが持ってきた椀と湯呑に似た大きさの器を使い、婦人会員と一緒にきよさんの打ち方を真似ながらそば打ちを体験したのは、四十八歳のときだった。

そのころまだ山形県の山村地域には「そばの打てない娘は嫁の貰い手がない」などといわれており、昔から各家々に伝わる独自の打ち方が伝承されていた。大正時代から褻《け》の時も晴れの日も、ことあるごとにそばを食べていた。戦時中は手間のかからない雑炊、屑米の粉と混ぜて「かい餅」にして飢えを凌いだ時代のことを時折思い出す。現在は飽食の時代だが、私には郷土に伝わるそば打ちに直接触れた記憶が今も鮮明に残っている。

教えてくれたきよさんがぽつりと語った「いつもこうやっているから」の言葉の中に伝承の重みと、大切な食べ物であった恵みのそばの味を感じた。

だが「いつもこうやっているから」の言葉にはどんな意味合いが含まれているのだろう。初めて私たちがそば打ちを習ったのは昭和六十三（一九八八）年春のことである。講師役のきよさんの歳恰好から考えると、大正末期か昭和初期の生まれだろう。当時のことを考えると戦時中に結婚したと見受けられた。土地柄から想像すると嫁入り前にはそば打ちを習得していたであろう。そう考えると「いつもこうやっている」の言葉の意味も頷けるものがある。

来迎寺地区だけでなく、私たち山形県村山地方一帯に言えることだが、そば打ちが村山地域に伝わったのは、江戸末期ごろだと思われる。そのころから豪農家や山林家、大地主の中には江戸や伊勢参りに行く人たちも現われ、そば打ちが口伝で伝わったのではないかと思われる話を、慶応二（一八六六）年生まれの祖父が人から聞いたともいわれている。

戊辰《ぼしん》戦争の時、会津の武将が身ごもった妻に供をつけ、険しい飯豊山《いいでさん》を越えてまた米沢藩の中津川に逃れ、その時供をして来た人が中津川にそば打ちを伝授したという話も伝わっているが、何の証も残っていない。

口伝の説も飯豊山の説も私は両方あって当然と思うが、きよさんを見ていると口伝説が有力な気がする。山形の内陸部には古くからソバの栽培が行なわれていたこともあるからである。

藪安から上野藪そばへ（一）

鵜飼良平

一家が七尾市から東京に戻ったのは、終戦の日から三ヶ月ほど経過した十一月の中ごろであったろう。父は幸いにも都下の陸軍調布飛行場に配属されて終戦を迎え、すぐに除隊となったが東京出身であったため、残務整理に駆り出された。それから数日で帰宅が許された。帰る先の上野の店は、建物疎開ですでになくなっている。その後の状況を確かめてから、滋賀県にある祖父の実家を頼ることにして、上野駅に降り立ったのが私たちより一足早く、九月初旬のことである。

東京全体がすべて焼け野原の中で、上野の藪安の痕跡は跡形もなくなっていた。周辺の住居の跡地に点々と水道の蛇口や仮住まいの連絡先を書いた板切れなどが目に付いたという。店の所在地跡さえも確認できないほどの焼け野原となり、何とか我が家の敷地を確認できたのは、隣家が質屋だったからだった。一面の焼け野原の中に爆撃に遇いながらも火災に耐えた隣家の質蔵が目印となり、敷地の確認ができたのだという。現在では想像すらできないが、上野駅から隅田川が見渡せたほど一面の焼け野原だったと、被災のありさまを父は私たち家族に語って聞かせてくれた。

父は上野の店跡を確認してから、滋賀県の祖父の実家に復員した。祖父の実家は造り酒屋を営んでおり、その六男が祖父である。実家や祖父の兄弟たちの支援を受け、復員した直後から店の再建に取り掛かることができた。上野でバラックの店を構えるにも建築資材の調達がままならない時節柄である。幸いにも祖父の実家や親戚の支援で滋賀県から建築資材と大工職人を東京まで送り込んでくれた。

店の商売は祖母と父の二人が中心、そばの材料などはもちろん、手に入らない。だから手に入る食べ物は何でも扱った。食材に合わせての献立一品料理であったという。私たち一家の仮の住まい先は、親戚の世話による武蔵野市吉祥寺であった。藪安の営業が軌道に乗るまでの期間、世話になることになった。

このような事情で上野駅近辺に出向くことは少なかったが、母に連れられ店を訪れるたびに上野駅構内で暮らしている同年代の戦災孤児たちを大勢、目にした。孤児たちの多くは空襲で家と家族を失い、着の身着のまま裸同然で焼け出された子らだった。上野駅構内は、そんな親を失った子どもたちが寝起きする生活の場所であり、風雪から身を守る仮の住み家でもあった。

私は戦災孤児たちの姿を見た時、疎開先の苦しい生活の体験と重なり、淋しさとひもじさの記憶が沸き上がってきたが、戦災に遭遇した彼らに、自分は何一つとして救いの手を差し伸べることができなかった。当時、何もできないという空しさを感じたことが、今も消えずに残っている。

親がいない淋しさや空腹の直接的な体験は少なかったものの、上野駅周辺で目にした光景は一生涯消えることはないであろう。祖父の実家では建築資材や大工職人の世話をはじめ、疎開しておいた商売道具の点検にいたるまで、惜しみなく協力してくれた。父は資材が整うまでの間、幾度も上野を訪れ、建設の準備に取り掛かった。何しろ終戦直後のことである。誰彼となく、空地を見つけては店を開いて商売していた混乱期である。自分の土地に自分の店を建てるということは、今の世では考えられない困難に幾度も遭遇したことであろう。

親戚の協力で店が完成したのが、年が明けて間もないころであった。店の名前は「藪安」だが看板を「名代そば處」として再興した。終戦の翌年、昭和二十一（一九四六）年正月のことである。店の名前をそば處とし、伝統のあるそば屋を残そうという必死な思いが私には伝わった。食糧難でソバ粉など簡単に手に入るものではなかった。糸こんにゃくを「そば」といってお客様に出しても、喜んで食べてくれた時代だったと聞いている。当時は何でも代用して昔を懐かしんだ一時期があったという。私が中学に進学するまでの三、四年間のできごとである。行政でも戦後の復興という名目で新たな区画整理事業が数回行なわれ、その度ごとに厨房や打ち場の改修があり、店の雰囲気が次第に良くなっていった。

やがて復興が進み、私が高校生になるころから世情にも少しの余裕が感じられるようになった。戦後の混乱と貧困の情景を歌手の宮城まり子が「ガード下の靴みがき」で唄い、井沢八郎が唄った「あゝ上野駅」が戦後の郷愁を呼び起こした。やがて坂本九の「上を向いて歩こう」で日本の復興が高度経済成長につながる時代を迎えることになる。

高校に通うころになると、藪安の店舗は隣接する「アメ横」の賑わいと同調し、繁盛するようになったが、商売用の食材の手配が大変な時期だった。アメ横は闇市と同居しており、統制品の食糧が商いの目玉である。その仕入れ先は「担ぎ屋《かつや》」と呼ばれる、千葉や埼玉など近郊から集まる「おばちゃん集団」に支えられていた。おばちゃんたちは定まった得意先を持ち、得意先からの注文の品々を確保して運んでくれる。そば屋にとって大切なソバ粉はあの人たち、具の素材や魚はこの人、というように何人もの仕入れ先が自然と成り立った信頼関係のお陰で、食堂的なそば屋としての商いは、恵まれた方であったろう。だが、集まる数量もバラバラで、その日の材料が無くなると店じまいをしていた。

だから厨房もそば打ち場も急ごしらえ、茹で釜の調達にも苦労した。かまどなども明治時代に使ったような竈《かまど》型、燃料も家屋の廃材などの薪類。そんな状態からの再出発であった。

店の手伝いは中学時代から

私が中学生のころは、店に来るお客と出前が半々で、丼物などの注文も多かったように思う。祖母の天ぷら揚げの腕前は確かで絶品であった。素材が定まらない当時としては、野菜が主役だけのかき揚げのお陰で天丼の出前が多かった。午後になると出前で出した丼などを回収する手伝いなどに駆り出される機会も多かった。器の回収と一緒に集金という大事な仕事もある。

そば屋の店主はそば打ちや窯前《かままえ》などの仕事は職人としての役割、配達や代金の回収は商人としての役割を持たなければならない。

丼の回収なども商人としての役割である。回収先は商店や会社が多かった。毎日のように同じところを回る。お得意さまである。夏休みや年度末の休みにはすすんで手伝いをした。当時はどこの店も人手不足で、手伝いをするのがそば屋の跡取りとしては当然と考えていた。祖母は私が店に出るのを喜び、何につけても褒めてくれたのでこれが嬉しかった。

麺類の統制が昭和二十七（一九五二）年に撤廃され、ソバ粉の輸入も始まり、材料の手配に心配がなくなったのも、その時期からである。麺業組合などの働きかけが功を奏したのだ、と父は話していた。父は組合の活動にも熱心だった。これが大学に進学してからの私の蓮玉庵の手伝いにつながっていった。

店の手伝いは中学二年の夏休みごろから本格化し、高校から大学まで続いたが、高校に進んだころからは、祖母は次第に店に出ることも少なくなった。私の手伝いの内容も次第に外回りから、店内の仕事が多くなっていた。藪安の看板は江戸時代から続くそば屋の名門「藪」

の名を冠にしているそば屋であるが、麺類もご飯類も出しており、食堂の雰囲気に近かった。麺類はそばもうどんもすべて機械打ちであった。当時の藪安のそばは、ソバ粉が七・つなぎ（小麦）粉三で、ソバ粉が多いというのが、父の自慢であった。これは藪安開業当時からの伝統を引き継いでいて、客にも人気があった。

当時そば屋の多くは、電動の機械打ちの製麺所からの仕入れがほとんどだった。藪安では電動の製麺機を使い、自家製麺での対応が続いた。

戦後間もなく、今でいう一般家庭には「計画停電」が実施されていた。昼間は午後二時から四時ごろまで、夜間は午後十一時から深夜一時までの二回だった。昼の停電は一年間ぐらいだったが、深夜の停電は四、五年続いたような気がする。通常では停電前にそばを打ち上げておくのだが、追い打ちが必要な場合には、麺打ち機を手動で回して製麺した。モーターのベルトを外し、回転主軸にクランク（把手）を取り付け、両腕で回す。父が投入口から水回しを終えた小さなソバ塊を投入すると、負荷がグンと懸ってその手応えを感じながら、緩やかに同じ速度で回す。これは父が材料を機械に入れ終わるまで回し続ける。材料を入れ終わると、私と交代して回す。追い打ち（追加）が出ないように停電前に準備するのだが、客の増減の予想は付けにくい。追い打ちは嬉しいことなのだが、大変な手伝いだった。

父は手打ちと同様、機械打ちも水回しや延圧の調整が微妙で、機械の操作次第で食感や味に差がある、と言っていた。祖父は父に対して、製麺機の操作や窯前の指導が特に厳しかったとよく祖母が私に語ってくれた。父に厳しかった初代・安吉は太平洋戦争が始まった年に身まかり、商売は父が中心となり、祖母が補佐して切り盛りをしていた。

祖母なおは少女時代に神田藪そばに奉公に来て、そば屋で働いていた。神田藪そばでは祖父と十年以上、共に働き、明治二十五（一八九二）年に祖父の安吉が暖簾を分けてもらい、上野に開店した。祖母はその時に安吉と一緒に上野に来てそば屋を手伝い、開店の十三年後に二人は結婚している。だから祖母は安吉以上にそば屋のことは裏も表も、酸いも甘いも知り尽くしていたと思う。店を継ぐ気持ちを持っていた私の心を見抜いていたのであろう。そう感じさせる祖母であった。

世相の流れと藪安の変遷

藪安は終戦直後のバラック店舗から始まったが、店のすべてが当座の間に合わせのものだった。やがて戦後の混乱期も収まっていき、竃《へっつい》同然の土間据え付けの薪の茹で釜だったのが、そこにロストル（焼柵）が入り、薪の燃え方が安定した。燃料も薪からコークスになり、私が中学生のころは石油ボイラーに変わっても、まだ煙突がついていた。煙突掃除屋さんも年に数回は来てくれていた。やがて燃料がガスへと変わると、厨房から煙突が無くなり、そのたびごとに厨房と店舗の改装というのが計画に上ってきた。

このころになると日本の国力も上向き始め、戦禍からの復興が進んだ。昭和二十四（一九四九）年、湯川秀樹博士がノーベル賞を受賞したのが、私が中学一年の時だった。そして昭和二十七（一九五二）年、フィンランドのヘルシンキで開かれた第十五回オリンピックで、日本はレスリングで金メダルを取った。続く第十六回オーストラリアのメルボルン大会で日本は、水泳・レスリング・体操で三つの金メダルを持ち帰った。

映画でも黒澤明が監督した映画「羅生門」が、ベネチア国際映画祭でグランプリを獲得し、ボクシングの白井義男が、フライ級での世界チャンピオンになるなど、国際的な活躍が国民を勇気づけた。このような世相を反映してか、食生活に密着している外食産業界にも、材料の安定供給が課題の一つとなった。戦前からの食糧管理制度がまだ続いており、各家庭には戦時中からの米穀通帳がそのまま使われていた。食堂などの外食産業など、戦前からあった食堂などの組合活動を通して食材の割り当て制度がそのまま残っていたのである。

食糧事情が回復しつつあった当時、外食産業界では配給物資だけでは食材が足りず、闇ルートの食材仕入れが恒常化していた。闇仕入れからの脱却を図るためには、公正な価格で食材を確保することが大きな課題であった。それには戦前からの組織である「東京都蕎麦商業協同組合」（現東京都麺類協同組合）による食材の安定供給が大きな役割を担っていた。組合幹部だった父は組合活動に没頭していた。

高校に入ると私は本店の神田藪に出かけ、手打ちそばの手ほどきを受けるなど、次第に機械打ちのそばと手打ちそばの違いを感じるようになっていた。

この時はまだ技は「盗む」もので、習うという雰囲気とは程遠いものであった。時代の流れを感じながらも昔と比べて、習う人の立場からすれば勘に頼るのではなく、数値に置き換えて教えてもらえれば、と願っていた。伝統的な手打ちそば打ちが数値に頼らず、勘に頼る部分が多いのだと今は気づいているが、当時はそう思っていなかった。

私は子ども時代から、そば打ちの仕事場に出入りしていた。仕事の準備や後片付けの手伝いをしていた。いわば門前の小僧である。そば打ち用語、道具の呼び名や手入れの方法や材料の保管やソバ粉の品質などは、父の手伝いをしていたので、勉強会の助手には向いていたのであろう。幼い時から何となく、そば屋の雰囲気が気に入っていたのだと思う。

集団疎開児童の話

——戦中戦後の寒河江での体験——

松田伸一

最上川

七十余年をふりかえる

現在は太平洋戦争が終結してから八十年近くも経過している。当然のことながら戦争に従軍した方々も戦禍に巻き込まれた方々も、年々減少している。

私が小学二年生の時、日本が降伏して終戦を迎えた。私が通っていた寒河江小学校には、都会や他の地区からの集団疎開の児童も縁故疎開の児童もいた。戦争が終わると間もなく都会へと帰っていった。その当時の出来事で思い出すことがある。

敗戦が色濃くなった昭和十九（一九四四）年の秋ごろのことであった。

寒河江町(現寒河江市)にも、東京から百人ほどの学童が数軒の旅館に集団疎開をしていた。軍需工場の疎開もあり、学校の教室や体操場までが飛行機を作る工場になった。それでも足りなくて、桑畑の中に工場が建設されることになり、当時まだ二年生だった私たちも、学校の授業どころではなく、建設資材の運搬に駆り出された。もちろん、疎開している学童たちも一緒であった。

勤労奉仕というのは学校の講堂の床を剥がし、土間にコンクリートを流して機械の土台を作る工事の資材運びの手伝いだった。学校から三キロも離れた寒河江川の河川敷から一、二年生は玉石二、三個を、三年生から六年生は砂や砂利を雑嚢やリュックで背負って何回か運ばされた。工事の目的は軍事機密で、生徒たちには何も知らされなかった。ただ、講堂の入り口は封鎖され、その前の廊下さえ通ることができなかった。

昭和四十九（一九七四）年、中学を卒業して二十年目に小学校の同窓会があり、その当時、担任をしていた先生が次のような話をしてくれた。

勤労奉仕作業も無事終わり、新嘗祭（勤労感謝の日）が近づいていたころのこと。疎開児の女の子が風邪を引いて学校を休んだので、旅館に見舞うと、案外に元気な様子で家族のことなどいろいろと話をして帰った。ところが次の日から急に高熱が出たとの知らせを受け、急いで駆けつけた。その子を元気づけようと「家族と離れてさみしくないのか」と話しかけると、目に涙を浮かべながらも弱々しく首をふり、布団の中から手の平に包み隠せるほどの丸みをおびた白い小石を二つとり出して見せ、「お母さんのおっぱいといつも一緒だから、さみしくない」と答えた。建設資材を運搬した時、そっと持ち帰って、毎日一緒に寝起きしていたという。家族と離れ、一人さみしく見ず知らずの土地で、小石を母親代わりにして添い寝をしている子どもの気持ちは、どんなにか心細くさみしかったろう。いじらしく、かわいそうで胸を締め付けられ、何もしてやれない自分にむなしい思いをした。……　その子は旅館の人たちをはじめ、級友、地域あげて看病したが、異郷の地で再び帰らぬ人となってしまった。
――という、悲しい思い出話であった。

この話を聞く前にも、東京、豊島区の子どもたちが学童疎開で来ていることを知ってはいたが、このような悲しい話を初めて知った。先生方も子どもたちには知らせなかったのであろう。

私はいまでも玉石運搬の記憶が鮮明に残っている。私が運搬に使ったのは「ハケゴ」と呼ばれる農作業用の小物入れに使う藁製の民具。背負ったり、腰に下げたりして作物などの収穫に用いる。主に腰に下げての作業で多く使われる細い縄が付けてある。私はこれを背負って玉石を運んだ。

子どもの脚では三キロの道は遠かった。それで二つか三つの玉石を先生方がそれぞれの体力などを見計らって入れてくれる。私のハケゴには拳くらいの石を二つ入れてくれた。当時の私の体型は虚弱そのものであったので二つにしてくれたのであろう。最初、背負った時の感覚では物足りなく感じ、皆と同じ三つを要求して運ぶことになった。

ところが少し歩いただけで肩に食い込む背負い縄の痛さがつらかった。痛さと戦いながらの三キロの道のりが今も記憶によみがえる。

空襲も来なかった平穏なこの地で、何の罪もない可憐な幼い子どもにも戦争の犠牲者がいたことを知って驚いた。以来、この川を渡る橋を通るたびに、その子の話を思い出して冥福を祈るようになった。

鵜飼氏と私を繋いだ「疎開」という言葉の中に、幾多の思いが去来する。これは二十年以上も前に地域のタウン紙「寒河江あちこち」に書いているが、今回改めて加筆・修正し、私の戦争体験の一つとして紹介することにした。

藪安から上野籔そばへ（二）

鵜飼良平

現籔伊豆総本店（中央区日本橋）

弟子入り

大学を出ると当時東京・京橋にあった「藪伊豆総本店」でそば屋になるために内弟子になった。そのころ父は、そば打ちは「十二の目」を持てと言っていた。「十本の指先の感覚と二つの目」のことで、何事も全感覚を注ぐのだとの教えであったのだろう。指は鉢の中の感覚、目はソバ粉と水の湿り具合、風の動きに気を配れとの意味合いであろう。

子どものころから祖父母や父母の働く姿を見ていて、そば屋になることに対して何の抵抗も疑問も持たなかった。親と同じ職業を選択し将来は独立し、老舗に負けない「そば屋」になることが祖母の夢なのだと少年時代から感じていた。

その夢を叶えてやろうと親たちが修行先に選んでくれたのが、同じ藪系のそば屋「藪伊豆そば」で、「藪そば」の元祖神田藪そばの分家筋に当る。藪伊豆ではそば打ちのイロハから習い始め、老舗の暖簾に相応しいそば屋の主としての覚悟とそば打ちの技など習うことになった。そこでは、そば打ち職人としてのあり方や店の経営者としての才覚など基本的な心構えを学ぶことになる。

修行に先立って大学二年の時、神田藪そばで手打ちそばの勉強会で手伝いをした時とは違い、自分自身がそば屋として生きるための修行である。これまでのそばについて関わって来たことなど一切を捨てて、心を無垢の状態にして学ぼうと思った。それに加え「教えて貰う有難さ」に感謝しなければとの思いで弟子になる決意で修行に励むことにした。

修行中は本店で助手を務めた体験が役に立った。本店では教える立場の助手であったが、ここでは習う立場である。両方の立場を経験したことで技術を習得するのに役立つことが多かった。この時、そばについて感じたこと、そばから教えてもらったことを振り返ってみることにする。

藪伊豆に弟子入りした当時「もりそば一杯」がおおよそ五十円から八十円ぐらいだった。ほとんどのそば屋さんは機械打ちで、ソバ粉の割合も良くて五・五の同割りであったろう。藪伊豆では手打ちと機械打ちを併用していた時代だった。勿論、現在でも本格的に手打ちをしているそば屋はそう多くはない。

手打ちの助手を務めた経験から打ち場の仕事に回され、手打ちと本格的に取り組むことになった。先輩格の兄弟子も蓮玉庵の指導を受けた一人だった。先輩はこれまで毎日の仕事。一方私は、時々の手伝い。経験の差は大きいものがあった。苦労したのは水回しの腕の動かし方で、なかなか内回しができなかった。

内回しは防御の態勢、外回しは攻撃型である。休み時間になると加水のタイミング、極め水（振り水）、手水《てみず》、と先輩と技術面の話し合いをするのが楽しかった。毎日同じ話題であっても語り尽くせるものではなかった。よく毎日毎日、話が続いたものだ。その中から体に染みつくものがあったのであろう。それが熟達というものなのかもしれない。

二人とも、そば打ちに関しては素人同然だったが、一応お客様に提供するのに恥ずかしくないものが打てるようになっていた。それを更にどれだけ上達できるかの競争であった。

最近では最後まで丸延しでそばを打つ職人は少なくなっている。手打ちそばといえば今では、ほとんどが江戸打ちである。だが当時、江戸打ちなどの名称はなかったと思う。手順として角を出して四辺形に延す打ち方は江戸打ちといわれ、東京圏に限られていた。

藪安でも祖父の代から麺棒三本を使い、四辺形延しを行なっていた。私がそば打ちの手ほどきを最初に受けた時、角を出して四辺形に延す打ち方は独特なものでなく、そば打ちは、四辺形に延《の》して打つのが普通な打ち方だと思い込んでいた。

江戸流の名称

では、四辺形に延す打ち方はいつごろ、誰がどのような動機から思いついたのであろう。古文書などから推測すると、そば屋として店を構え、そば屋専業の生業として成り立ったのは、江戸時代中期以降からであったろうと思われる。当時は丸延しが誰も行なっているそばを打つ打ち方であったろう。そもそもそばを「作る」といわずになぜ「打つ」というのだろう。

「そば」だけでなく「うどん」も打つという。その発端を考えると、うどんを「打つ」の方から伝播したのでは、と思われる。そば屋やうどん屋の看板に「手打ちうどん」とか、「手打ちそば」が見られるのは、大方の人たちは手打ちの方が美味しそうだとか本格的な印象を受けるからなのであろう。今も福島県会津地方には、麺棒に麺生地を巻き、延し台にトントンと打ち付けながら延す打ち方が残っている。

地延しが終わるとそのまま丸く、丸く麺棒で次第に薄く延し、厚さが五、六ミリになると麺生地を麺棒に巻き付け、麺棒の片方を少し浮かせ、残る片方の麺生地を麺棒と一緒に微妙に回転させながらトントンと数回、延し台に軽く打ち付けては広げる。また、麺棒の位置をずらして巻きつけ打ちつける方法や、巻きつけた麺体（ソバの生地を延したもの）を水平に保ちながら打つ人もいて、さまざまな技が伝わっている。このような作業を麺生地が適当な厚さに仕上げるまで繰り返す。それが「打つ」の語源だと伝わっているが、その真偽のほどは私には判断できない。

話題がそれてしまったが、初期のそば屋さんは個人営業で、すべてを店主の手仕事から出発したと考えられる。やがて店が繁盛し、打ち手の仕事が店主だけでは足りずに弟子を抱え、やがては弟子も独立するなどして、そば屋が増えることになる。

そのような時代背景に支えられ、そば屋が繁盛すると次第にそばを打つのが専門の職人が育つことになる。店主が指導者となって弟子にそば打ちを教えるようになるのは時代の流れであろう。腕の良い指導者＝店主には自然と客が付いて繁盛し、弟子も集まって弟子同士の競争意識が芽生えたことであろう。上野藪そばの初代、鵜飼安吉も神田藪そばの最初の内弟子である。

そば屋の徒弟制度と四つ出しの始まり

そば屋が増えた江戸時代後期、そば打ち職人になるには、そば屋に弟子入りするのが一般的だった。弟子入りするには、元服を終えた年ごろ（十四～十六歳）から、先ずは丁稚《でっち》奉公、家事の手伝いから始まるのが慣習であった。家事手伝いが一年から二年間、それが過ぎると店への出入りが許され、実際にそば打ちの手ほどきを受けるまで半年くらいは、打ち場での下働きとなる。だが弟子への技の伝達は言葉で教えてくれることはほとんどなく、技は「習うものではなく、盗むもの」であった、といわれた時代である。

それを端的に表しているのが、そば屋の「一鉢、二延し、三包丁」の教えや「水回し三年（練り鉢などにソバ粉を入れ、水を加えてまんべんなく練ること）、延し二年、切り三日」というのもある。丁稚から数えて弟子の期間を終えるまで約七年間の修行になる。そこでやっと給金がもらえる職人の仲間入りである。それから更に、お礼奉公という習わしがあった。

お礼奉公の期間には決まりはなく、短い人で一年、長い人でも五年くらいだったであろう。途中で独立して店を構える人、職人として別なそば屋で働く人、とさまざまな形態があった。「のれん分け」というのは親方に見込まれ、その店で職人として雇用され、働く態度や客への応対、店に対する貢献度などで、その資格が決まる。

そば打ちの専門職人が増えるに従い、腕の良い職人は高給で迎えられることになる。そしてそば屋をめぐり歩き、更に美味しいそばを打つ技を磨き続ける渡り職人たちが現れるようになる。このような慣わしが昭和の初期まで続いたといわれている。渡り職人たちは、働いた店の特徴を身に着けて、新しいそばの打ち方を発案し、より効率的な打つ方法を探し求め、そば打ちの技が次第に進化していったのであろう。渡り職人たちが、互いにそばを打つ技に創意工夫を重ね、切磋琢磨《せっさたくま》しながらそば打ちの能率向上と美味しいそばの探求で腕を競うようになるのは当然と考えられる。

太平洋戦争が始まるまでは、日本中の重工業から家庭で営む小さな企業で働く職人のほとんどは、渡り職人であった。職人たちは雇用主から求められる技を自ら開発し、進化させて企業を盛り立ててきた。そば打ち職人も同じだ。腕の良い職人には手間賃が弾まれ、より良い雇用関係が保たれることが行なわれていた。日本の技術水準を高めたと伝えられている。江戸中ごろからソバの生産も増え、製粉する石臼を回す水車も回転軸が横型から落差を利用したタービン式となり、動力源の増強と相まって製粉技術が向上した。ソバ粉の選抜に使う篩《ふるい》の網目の糸が細くなり、一番粉や二番粉などと細かく分類できるように改良が進んで、ソバ粉の分別も細分化され、更科《さらしな》粉なども出回るようになる。

そば打ち職人たちも互いに腕前を競い合い「変わりそば」などでそば打ち技術の発展とソバ粉の選別が細分化するに伴い、そば打ちの進化が図られる時代となり、江戸っ子の粋好みとも合致して色物や丼物へと多様化が進んだのであろう。

そば屋も、「もり」の他に「しっぽく」とか「たぬき」「きつね」「おかめ」などの種物と呼ばれるメニューも豊富になり、調味料も味噌から醤油。出汁《だし》の素材も海産物の加工技術の発達により、材料も豊富になった。

そのような時代だから、そば打ち職人の「腕の競い合い」と「遊び心」が掻き立てられ、四辺形打ちが編み出されたとしても不思議ではない。

当時のそば打ち台の大きさはどの程度だったのだろう。寸法を測る道具に物指がある。物指の目盛りに曲尺《かねじゃく》（一尺：約三〇・三センチ）と鯨尺（一尺：約三七・八センチ）がある。大阪は鯨尺、東京は曲尺で計る。大阪からそば打ち職人が江戸へ来たとすれば、物指は鯨尺ということになる。現在ほとんどのそば打ち大会で使う麺打ち台は幅約百二十センチ、奥行約百十センチだ。それを考えると昔の鯨尺で幅三尺五寸、奥行き三尺位になる。それを麺打ち台の昔の標準として考えた場合、麺打ち台一杯に麺生地を広げると、丸延しで精々一升五合くらい、薄くすると一升位であったろう。現行の計量法で表わせば約一・二キロ程度で十人前そこそこである。夫婦で営業した場合で推測すると現在の盛りそばの値段で考えると採算ベースは凡そ三十から四十食ほどが損益の分岐点であろう。だとすると一回当たりのそば打ち時間は約三十五分としても五回で約三時間が必要になる。朝食前三回、その後二回。毎日となると相当きつい仕事になる。

このような作業が毎日続くとなれば、効率的な打ち方を工夫しようというのは、どの職種にも当てはまることであり、そば打ち職人たちも工夫を重ね、新しい技を生み出したのが四辺形に延す方法であろう。

延し台は四辺形で、そば生地は丸く延すと、打ち台の四隅に余白ができる。この余白に麺生地を広げれば、打つ量をもっと増やすことができる。それに量を増やしても作業時間はほとんど差が出ない。生地自体が四辺形に仕上がるので、より均一な厚さと長さ、それに切りくずの減少につながる利点が生まれる。

一度に打つ量をもっと増やし、打つ回数を少なくすることで省力化が図られる。作業効率向上を図る方法であろう。地延しを終え、丸く延す途中で、四辺形に変える手法を考案したことは大変革で大発見だったろう。仮に二升を打つとなれば、延す幅を一定にして縦に延すと打ち台より生地が大きくなり、それ以上薄く延すのに延し台が狭すぎて、縦に延せなくなる問題がでる。だが、実際に延しの作業に使う打ち台の場所は、手前から約六十〜八十センチほどあれば延しの作業に支障はない。はみ出す生地部分を溜めて置くのに麺棒に巻きつけ養生すれば、乾燥も防げる。この麺棒を上端と下端に使うことにすればいくら多い量でも一度に打てることになる。

延し台からはみ出す部分を麺棒に巻き付け養生する（そのまま生地がなじむまで暫くおいておく）発想が生み出され、この発案が大きな転機となり、麺体（そば玉）を延す麺棒と、巻いて養生する麺棒の使い分けで複数の麺棒が必要になる。このような打ち方は渡り職人の間での技の競い合いによる所産であろう。

江戸中期になると浮世絵にそばを食べている情景の版画が現われてくるが、それはそば屋の宣伝用に描かれたものだという説もある。中には腕を一杯に伸ばし、下にある猪口《ちょこ》にそばを入れている場面や、梯子に登りそばを猪口に入れようとする絵も散見するが、そのころから四辺形延しは確立されていたような気がする。絵に多少の誇張があったとしても、そば八寸（一寸‥約三センチ）よりも長かったであろう。

長いそばを打てるという技量の持ち主だという宣伝効果を狙っている気がする。すでにこのころから、四辺形打ちが確立され、麺棒にも延しに使う棒と巻きに使う棒の役割ができたのであろう。延し棒と巻き棒を使えば一度にそばを打つ量も増え、一回で二十人分以上を打つ職人もいたのではないだろうか。

味と粋を好む人たちは「打ち立て」の美味しさに気付き、「三立て」が可能なそば屋が人気を博したであろう。このような技が確立されている現在では、四辺形打ちを常に行なっている。とはいえ最初の発想はそう単純なことではなかったであろう。

四辺形に形を整えた先駆者は丸延しから楕円形に、楕円形から四辺形にたどり着き、生地の厚さを均等にするのに何人もの職人たちが工夫を重ねながら、弟子から弟子へ伝播する中で「角《つの》だし」とか「肉分け」などの言葉が使われ出したことで四辺形打ちが完成されたのであろうと考えている。

「切り三日」とは

そば屋ののれんを守るのは、幾つもの条件があろう。一つは味を守ること。いつも定まった味で客をもてなすには年間を通して変わらぬ素材を準備しなければならない。味ばかりでなく変わらない店の雰囲気、四季折々の風情も大切だ。普段の接客態度も重要な要件である。これは客のよく目に付く場所である表の仕事。だがそばを打つ、客の目に届かない裏での仕事「そばの打ち場」がある。そば屋によっては打ち場を客から見えるような店構えをしている。上野藪そばでもそのような店造りをしている。

私は、そば屋の申し子のような育ち方をしている。幼い時からそば屋の雰囲気に慣れ親しんできた。戦後の混乱期を除けば中学時代から店の手伝いを始めていた。そば打ちで苦労して技を習得した、という記憶が薄いといえるかも知れない。

そば屋に伝わる「一鉢、二延し、三包丁」も自分の経験に併せれば「その通り」であって、「水回し三年」といわれているが、各地でデモ打ち（模範実演）など頼まれれば、いつも「初心者」のように緊張する一瞬である。それでもこの緊張感がまた楽しい。

このようなことから、新弟子には最初の水回しから覚えてもらう必要がある。初めは水回しが満足にできなくとも、次に控える練りを担当する兄弟子が修正してくれる時もあり、そば打ちは次に進むことができる。昔はここで兄弟子から新人に対して檄が飛ぶことになる。この修行が三年間である。

この話を進めるには先ず、粉の状態から始めなければならない。一般論として粉屋さんから仕入れした並粉を使い、二八で打つことにする。

おおかたの店では一日分の客数を予測し、ソバ粉八とつなぎ粉（小麦粉）二の割合で完全に混ぜ合わせて練り鉢の台に使う桶に保管する。この粉のことを鉢下と呼ぶ。桶は練り鉢の台として用い、ソバ粉とつなぎ粉を混合して保管すると、ある程度ソバ粉の劣化を抑える効果もあるといわれている。その証明は難しいが、小麦粉は湿気に強く、ソバ粉は乾燥に弱い、互いの欠点を補い合うので互いの劣化が防げる、といわれている。

木製の桶と同じような形状の入れ物に、樽と呼ばれるものもある。一般的に樽は液体を保存するのに使われる。材質は杉や檜だが、木目が不規則で裁断面が山形の木目の板目で作ったのが樽で、年輪に並行してまっすぐな木目の柾目で作ったのが桶、と区別している。樽は密封度が高く、桶は低い分、湿度を均一に保つことができる利点がある。

鉢下の粉も四季の変化や朝、昼、夕方と環境の変化に敏感に反応するので、打つ時々で加水の加減が微妙に変化することを、自分の感覚で捉えられるようになるまでに、優に一年以上は必要だ。それに体調の変化や客数の変動にも気を配る必要が求められる。

このような基本が身に着き、一定の水回しができるようになるのに三年の修行が必要ということになる。

何事にも最初というのが必ずついて回る。水回しがうまくできなくとも、兄弟子が補完してくれるのが、店のチームワークである。この時が技を盗むチャンスである。現在ではていねいな指導があるものの、延し棒を真下に押しながら転がす技など「口伝」では簡単なようだが、実際にやってみると難しい。結局は自分に合った技を生み出すしかないだろうと思う。

そして、そば打ちの最後を飾るのが「切り」である。「水回し三年、延し二年、切り三日」

とはいえ、どんな達人でも三日だけの切りの修行で一人前の切りは出来ないのが普通だろう。それほど切りにそば打ちのすべてをかけているということなのである。自分の場合には、これまでの修行で切りに憧れて、先輩たちの仕草を見聞して体感でのトレーニングを重ねてきたので、短い期間で達成できたように思う。

現在では徒弟制度的な技術の伝承というのは許されていない。私は本店で勉強会の手伝いをしたことが、のちのカルチャースクールやそば打ち教室での指導の方法、段位認定会やそば打ち競技会での審査活動などにおいてその経験が活かされていると感じている。

そば屋を継ぐ若い世代の育成

高校を卒業するころになると集団就職列車も減り始め、就職先も大手の企業へと移り始めた。食糧市場も安定し、米の生産も量から質への転換が図られる時代となった。そば屋も、昔ながらの手打ちの技を伝承できる人たちも数少なくなっていた。そのような状況に危機感を感じていた人に、東京都台東区上野池之端の老舗そば屋「蓮玉庵」五代目店主、澤島健太郎氏がおられた。

敗戦から十年余り過ぎた昭和三十二（一九五七）年、私が大学二年生の時だった。澤島氏の発案で東京都麺類協同組合が主催して、主にそば屋の後継ぎを担う若手に、手打ちそばの基本を伝える勉強会を、お隣の千代田区神田淡路町の神田藪そばで行なうことになった。

蓮玉庵は江戸時代末期、安政六（一八五九）年の創業で、明治時代の文豪・森鴎外の小説「雁」に出て来る老舗である。その五代目として澤島健太郎氏が引き継いでいた。終戦から十年余も過ぎて世相が次第に落ち着くに従い、商売にも余裕が生まれ、本格的な手打ちそばを望む顧客の要望が目立つようになった。

庶民の生活にも少しの余裕が見られる中で、そば屋も江戸時代から伝わる伝統の「手打ちそば」を復活させようと、東京都麺類協同組合が提唱して、蓮玉庵の店主を講師に迎えて手打ちそばの勉強会が開かれることになったのである。

澤島氏はそば屋の子弟たちが戦争で次々と戦場に赴き、麺棒を銃に持ち換えて戦地に挑んだ数年間の事態を憂えていた。敗戦から十数年が経ち、自らの発案で組合を動かし、伝統の手打ちそばの講師役を買って出てくれたという。

一方、そば屋の組合員仲間では、戦地から復員して来た跡取りに本格的な手打ちそばの技を習わせたいと願う人もいた。戦後は、特に機械打ちが主流となり「手打ち」によるそば屋は少なくなっていた。

伝統を守り、手打ちで商売を続けている蓮玉庵の澤島氏からの申し出である。そば屋の跡取りの多くは、復員はしたものの伝統的なそば打ちに接する機会を失っていた。そこで併せて地方から集団就職で出て来た人にも教えることになった。

当時の上野藪安は父と母、それに祖母が切り盛りをしていたが、父は都の麺類協同組合の仕事が多く、私は父の代理のような立場で、そば打ちの勉強会を手伝うことになった。中には私と同年代で同じような境遇の人もいた。違うのは在京というだけで、当時「金の卵」などと呼ばれ、地方から都会に出てきた人が多い時代であった。

澤島師匠の教えは「そば屋の後継ぎとしての心構えと、そばという食べ物を慈しむ姿勢」であった。まずはそば屋の店主と同じ心意気で働いてもらう。そのためにはそば屋の店主としての役割があり、そば屋の次世代を担う若い衆に対して、江戸時代から伝わる「手打ちそば」の打ち方を伝承する会を組合に提唱し、自ら講師役を買って出て、実現したのが神田藪そばの勉強会であった。

その助手役を仰せつかったのが私である。助手の私は、祖父母や父親や店で働く人たちを見て育ち、自然とそば打ちについての事柄を身近に見聞し、店の手伝いもしていた。いつの間にか祖母のいう三代目は「良平だ」の口車に乗せられてしまっていたのかも知れない。そんな訳で人様からそば打ちなど細かく教えてもらうことなどはなかった。本店の神田藪そば（以後、本店）に行くまでは、ただ店で働く人の仕草だけの動きを見て真似をしているだけであった。

本店で助手を務めたことで、教わることのありがたさを痛感した。うまいそばを安定して同じ味のものを客に出すことの難しさ。そのためには、行き届いた準備、作業手順、道具の使い分け、粉や水などの保存管理と、事前準備の大切さを教えてもらった。一日の終わりに行なう後片付けも、次の日の大切な下準備であることを、この体験で感じ取ることができた。それだけでも大きな収穫だった。

大切なものには順位などなく、全てが万全でなければ一定の水準で「うまいそば」の提供を続けるのは不可能である。勉強会の目的は、そば打ちの先達から伝わる体験から育まれた知識を新人に伝えるというところにあった。

かつての徒弟制度の時代には「技を盗め」とか「見て覚えるもの」という時代があった。従って技を身に付けるのに長い時間を要した。「何故そうなのか」について事前に説明を受けていれば、物事が理解しやすいのは当然であろう。見て覚えるから「何故そうなのか」を理解するまで、長い時間を要したが、技を習得するのに理屈で理解する前に体が覚えてしまうことに昔の人は重点を置いたのであろう。理屈から理解しても技はそう容易に身に着くものではない。反復して何度も繰り返しながら小さな欠点を修正し、段階を踏み、回を重ねることによって達成できるものの方が多いように思えてならない。特に水回しや練りは道具を使う訳ではない。手わざで行なう作業、これが難題だ。

機械打ちが全盛の時代。なのになぜ今さら手打ちなどと非能率的なものを習わなければ、と疑問を抱いて参加する人もいた。また親方からの指示で参加する人も数人はいた。

博識の澤島師匠の講座は「老舗の品格とか江戸庶民の生活文化や食事と生業の関わり、江戸っ子気質」など、今では雑学などといわれるが「酸いも甘いも粋な話も」聞ける楽しさもあった。そのたびごとに助手としての得難い体験を得る講座の連続であった。

そばを打つのに何故麺棒が二種類あり、延し棒と巻き棒を使い分けるのか、小間板や生舟の役割などを細かく教えるそば屋の主は稀な時代。当時はまだ「技は盗むもの」の風習が色濃く残っている時代であった。

この時の経験がその後も、数々のカルチャースクールやそば打ち教室で役立っている。

小学三年生から大学入学までの約十年間の上野藪そばでの、私の人生の流れを振り返ると、小学校時代は困難の中での創業期。中学、高校時代は手伝い期。大学、青年期は見習い期。壮年期は社会的な活動期であったと思っている。老齢期の今は「そばへの恩返し」の時期といえるようになりたい。

映画「男はつらいよ」に出て来る「フーテンの車寅次郎」ではないが、私の産湯はそば窯で湯を沸かしてくれたらしく、よく祖母が「そば湯がお前の産湯だった」などと語っていたのを懐かしく思い出すことがある。自然と三代目となることを仕込まれていたのであろう。

ふるさと寒河江そば工房の発足

松田伸一

そば博覧会会場にて（左端が筆者）

組織づくり

ふるさと寒河江そば工房は「ＪＡさがえ西村山」で実施している周年観光農業事業の一翼を担う組織。これが誕生したのが平成五（一九九三）年の春のことである。

ＪＡさがえ西村山では昭和六十（一九八五）年ころから観光客に特産のサクランボやリンゴ、ブドウなどの摘み取りを体験観光として事業化を始めた。

ＪＡが主体的に観光事業に取り組み、農園に直接お客様を誘致して、農家の人が直に取り引きする道を開いた。今でいう第六次産業の先駆的な事業展開である。

この農産物と観光事業を結び付けたのが、ＪＡさがえ西村山の初代代表理事で組合長の菊地真氏である。菊地氏は山形県西村山郡内、一市四町に点在する農業協同組合を統合した人で、郡内農産物のブランド化に着目し、生産者と消費者の直結化を図り、高品質の農産物で付加価値を高め、農業の効率性を考えていた人で、自らの定年を六十歳と定めて組合長に就任した。

そして組合長の意を受けて、観光と農業を結び付ける役を任じられて担当したのが工藤順一氏であった。工藤氏は営農指導の経験を活かし、生産と消費を直結することで農家の収益性を高めることを考え、体験型観光事業に創意工夫をめぐらせ、旅行代理店などへの売り込みを活発に行なった。ＪＡが観光事業を開始したとはいえ、ゼロからの出発で大変な苦労があったと聞いている。頼りになったのはＪＡの組織と長年培ってきた人脈だったと振り返る。折しも学校では「ゆとり教育」が始まっていた。それに着目し、都市部の小中学生を対象に田植えや稲刈りと体験教育の一助を担う活動に着手した。体験を通して実働でしか体得できない農業の実態に触れさせようという考えだった。

大勢で来る都市部の小学生の田植え体験の実施などの実行にあたっては、受け入れ側の農家の説得から始め、受け入れ人数による圃場の面積や指導者の配置、誘致する旅行代理店などとの折衝などに努めた。また農作業の指導に当たる人には、それなりの対価を見込んでの誘客を実施している。

人気のあるサクランボの収穫時期は六月初旬から七月初旬、それに続くブルーベリー、プルーン、モモ、ブドウ、少し間を置いてリンゴの通年のもぎ取り、冬季間は雪中でのイチゴ狩りと休みなく続く。だが、お客様の滞在時間が短く、観光施設での土産物販売対策の不備が浮かびあがった。そこで宿泊を伴うまでの新たな観光資源を開発することが課題になった。一億総中流社会から神武景気、そしてバブル崩壊へと移り変わる社会情勢の中で、団体旅行客が減少し、小グループ化が進み、観光目的も物見遊山的な行動から生涯学習の浸透もあり、体験観光型が重要視されるようになった。豊富な農産物を持つ地域特性を活かし、寒河江らしい付加価値をつけようとして編み出されたのが「そば打ち体験」と、山形名物の「いも煮体験」のふたつであった。これらを加えることで、滞在時間の延長による経済的効果と地域農産物の普及と宣伝効率を上げることを狙った。この事業を具体的に進めるにあたり、そば打ちに関する相談相手に選ばれたのが私であった。

ＪＡではそば打ち体験観光客誘致事業の受け入れ態勢を整えることと同時に、誘致したお客様にそば打ちを教える人たちをどのように育成するかを模索していた。そのような時に、キャンプ活動でそば打ちを取り入れたことを聞きつけ、私にそば打ち指導を依頼したいと声をかけられた。とはいえ私はそば打ちに関しては大石田町来迎寺のそば打ち体験とキャンプでの経験しか持たなかった。

担当するＪＡの工藤氏は「そば処山形」に恥じないそば打ちを教えて欲しいので、そのために「プロのそば屋さんからそば打ちを習って欲しい」との提案をしてきた。そして受け入れ側の仲間として、農協婦人部の幹部と私が所属する野外活動推進員や、社会教育指導員でＪＡと市民が一体化して、観光客誘致事業に協力することに賛同された人たちが集まり、そば打ちの勉強会を始めることにした。

そば打ちを練習

農協の世話で山形市内のそば屋さんの青年部員数人から、約三ヶ月間、月二回の指導を受けたのが平成五（一九九三）年の一月から三月までの期間であった。教えて下さる青年部員全員が四辺形延しで見事な手さばきに感動した。これが四辺延しとの最初の出会いである。練習会場はJAさがえ支所の調理実習室、急ごしらえの麺打ち台は、長テーブル二枚を合わせ、その上に三尺（一尺：約三十センチ）×六尺、厚さ一五ミリのシナベニア板を載せて練習を開始した。

当初はそば打ち道具など皆無の状態。延し棒はホームセンターから、練り鉢は調理に使う大き目のステンレスボウル、小間板なし、そば切り包丁は市内の鍛治屋さんに特注して作ってもらい、そば打ちを習い始めた。

習う人の中にも、まじめな人、欠席しがちな人もいる。教えに来て下さる講師の方も店の営業が終わった後で、お疲れの中であっただろうに熱心に指導して下さった。営業時間などの関係で、いつも同じメンバーではなく、いろいろな都合で来られない時は交代で教えに来て下さった。

私たちもJAから頼まれてのそば打ち練習である。野外活動の仲間たちにも料理の好きな人ばかりではない。次回の練習までの間に手順すら忘れてしまう人。また、そば屋の開業を密かに画策している人もいた。だから練習に熱が入る人、観光客誘致に一生懸命になろうとする人たちが入り乱れる講習会となった。

今となって、その時のことを振り返ると、三ヶ月の短い練習で学べたのは、そば打ちの真似ごと程度であった。用語をはじめ、そば打ちに必要な準備として何を揃えればいいのかも分からないままだった。

そこでお客様を迎えるにあたって、観光バスのガイドさんを講師に、接客のイロハを教えてもらった。お客様を迎える「いらっしゃいませ」から、終わった後のバスの見送りまでの注意事項と言葉遣い、特に性別や年齢などを配慮した接客方法など、ガイドさん自らの豊富な体験談を交えた講話を聞くことが出来た。

考えてみれば、私たちは今まで、もっぱら客として迎えられる立場でいた。それが今度はお客様にそば打ちを教え、山形のそばを打って味わってもらうことになるのである。お客様には代価を払って貴重な体験をし、よい思い出として記憶に残るものにしなければならない。私たちの責務は重いと悟らされた。

客を迎える準備

お客様を迎える前に会場とそば打ち道具、材料のソバ粉の仕入れなどをJAと相談しながら進めた。会場はJAホール。道具と粉の仕入れ先は工房に任せられた。だが組織は発足して間もなくであり道具の購入資金の目途が立っていなかった。けれど、もう後には引けない。

模擬実習を行なって必要な道具の数を予想して決めることにした。一度に迎えるお客様の人数を大型バス一台分とする、と結論が出るまで数日間を要した。さらに一人が何人にどのように打ち方を教えるかが問題になった。とうていマンツーマンとはいかない。そこで結論は三人一組で二、八の粉六百グラムを一緒に打つことにした。二、八にしたのは、初体験でのそば打ちの達成感を重要視したからである。

一枚の麺打ち台は三尺×六尺のシナベニア板、そこに二組が向かい合って打つことにし、二組に一人の指導員を配置することにした。迎える客は大型バス一台と想定、六十人、二十セットを準備することになった。鉢はステンレスのボウル、包丁は本格的なそば包丁。道具類の収納庫、耐久性などを考慮すると二十セットで六、七十万円、材料費などを含めると約百万、それに茹で窯二台は中古でリースの利用にしても資金的な裏付けもなく、私一人が負うことになり大きな決断であった。

こうして組織はできあがったが、道具類やソバ粉の購入資金は一円もなく、お客様からいただく体験料から捻出しなければならない。幸いにもステンレスのボウルや麺打ち台に使うシナベニア板などの購入資金の一部は寒河江市から助成を受けて揃えられることになった。

道具の購入先も市内の商店に頼み、代金後払いの催促なしで購入した。そば包丁は知り合いの鍛冶屋さんにお願いして特注した。実際に包丁などの代金を払い終えたのは一年半も経ってからだったが、努力した甲斐があって順調な客足に支えられることになる。

ＪＡの勧めでそば打ちを習った私たちは、ＪＡの主旨を理解し、事業に協力できる仲間が集まり「ふるさと寒河江そば工房」を組織した。

会の命名はＪＡの工藤順一氏に一任した。山形県の寒河江にふるさとを持つ仲間たちで「郷土に伝わるそば打ちを伝える」という意気込みで命名された。

ＪＡでは観光客誘致のため、周年観光農業体験課を設けて対処している。ここではＪＡで実施している観光事業のパンフレットを作成し、主に関東地区から関西地区の旅行代理店をめぐり、体験観光客の誘致を行なっている。

売り込みに出かけるのは、ＪＡの担当職員。それに受け入れ側の農家の人も同行する。初見の代理店には、訪問時期に合わせてあらかじめ名産の果実を送っておく。訪問時には「名産を話の発端材料にして話の糸口を探り、農家の人の口から他の産地との違いや受け入れ態勢を語ってもらうと聞いたことがある。このようにして誘客努力をしている。

模擬体験

さて道具は揃ったものの、どのようにしてそば打ちの体験から試食までを約九十分以内におさめ、心地良くそばを味わい、自分たちで作ったそばに満足していただけるかが課題となった。そこで提案されたのが、先ず自分たちで模擬体験をしてみるということであった。それからある程度の手順を模索した。皆で様々な事態を想定して次のように構成してみた。

一、会場に入る前、参加者全員にエプロンを渡す。これは会員から提起され、急遽ＪＡからコマーシャルの入ったエプロン百枚をいただくことになった。
ニ、会場に入ると歓迎の挨拶と注意事項の説明。行程の説明は会長が簡潔に行なう。
三、見本のデモ打ちを行なう。デモ打ちは人数によって数ヶ所に分かれて行なう。
四、三人一組の班編成で六百グラムの二八そばを打つ。
五、切り終えた班から順に茹で、茹で揚げた班から試食を行なう。全員が食べ終えたら「ご馳走さま」をして退席する。

この順序で模擬体験を実施した。

課題となったのは、
①お客様が来る前に会場のセッティング。

②机を並べて、シナベニア板を載せて、ボウルにソバ粉と繋ぎ粉を別々に入れて配置する。
③加水用の水は担当者が事前に試し打ちをして適量にすること。水が少ないと判断したら、担当指導者が加水すること……などである。準備は万全、とは行かないが、ここまでしておけば「そば」の形になり、一応すすって食べるのを体験してもらうことができると、自信のようなものが湧いてきた。

もうすでに最初のお客様の予約が入っていた。お客様には、農閑期も農繁期もない。事業を起こしたからには、何事もお客様本位でなければ成り立たない。受け入れ側の都合でお客様を選べないのは当然のことだが、直面する課題をその都度乗り越えなければならない。十人のお客様には少なくとも三人の担当指導員が必要だ。大半は農業関係者の婦人たちであったが、何とか対応出来て、初年度はどうにか間に合わせた。

最初のお客様は、ある企業の社員研修と慰安旅行を兼ねた団体であった。最初から大型バスである。急遽、足りない分の道具揃えに走り回った。ＪＡでも、最初の客だということで、組合長の挨拶から始まる歓迎セレモニーが予想外なことに約二十分もかかってしまった。旅行の行程ではそば打ち体験での滞在時間は九十分から百分程度と見込んでいた。添乗員がやきもきする姿を見て、そば打ちを早めようとこちらも必死。お客様を楽しませながらそば打ちの手伝い体制を何とか整え、定時進行に協力することに決めた。

そしてお客様には不満が残らないよう、添乗員には定刻出発に間に合うようにと心掛けた。慌ただしい最初のお客様を迎えてみて、大人数に対処する難しさを痛感した。

企画は大当たりをした。近郊のそば打ち体験場の受け入れ人数が二十人程度であるのにそば工房では百人程度が受け入れ可能ということで、この観光誘致の目玉となった。既存のそば打ち体験施設とはすみわけができていたことになる。

学校の「ゆとり教育」も追い風だった。小学校から高校まで学年行事としてバスを連ねてきてくれた。指導に当たる会員のほとんどが社会教育指導員だったので、その指導力が発揮され、先生方の受けもよかった。だが平成二十（二〇〇八）年、学習指導要領の改訂があり、ゆとり教育が見直され、児童生徒のお客様が途絶えてしまった。代わりに職場の研修会や教育関係団体の慰安旅行客などが増え、そば工房の運営が続けられた。ＪＡや旅行代理店のおかげといえる。現在はコロナの影響で、残念ながら開店休業が続いているが、復活できると思っているのは私一人ではないだろう。

やまがた素人そば打ち名人大会の開催

松田伸一

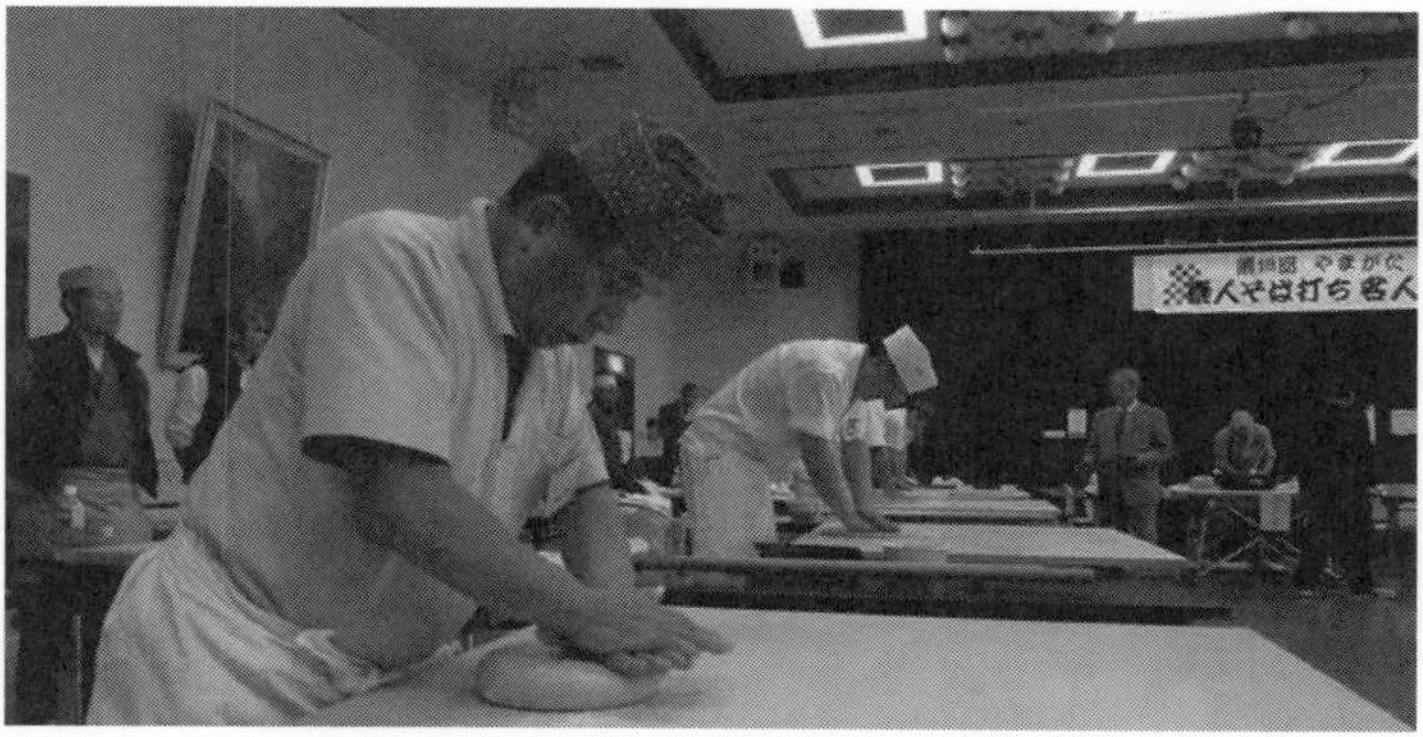

大会会場にて（左手前が筆者）

そば打ちにのめりこむ

やまがた素人そば打ち名人大会を開催することになったのは、福井県で開催された第二回全国素人そば打ち名人大会に、会員の大沼保さんが参加したことが発端である。

平成八（一九九六）年の秋に「福島県山都町の旧全麺協事務局」から、そば工房宛てに「第一回全国素人そば打ち名人大会」の案内状が届いた。そのころのそば工房は、福井まで出かけることなど思いもよらぬことであった。案内状には旧全麺協で選手の推薦枠があり、その推薦で大会に出場することができた。翌年、第二回目の推薦状が届いた時、会員の井上晃さんがカーナビの付いた車を持っていたのを幸いに、出かける算段が始まった。そのころ会員の中で最後の「切り」まで確実にそば打ちを行なえるのは鈴木俊一郎さんと、大沼保さんの二人だけだった。選手には会員の中で唯一人の有段者である大沼保さんを、選手に送ることになった。福井までの運転は事務局担当の井上晃さん。それに記録担当として私の三人で出かけることになった。

大会の運営方法、そばの打ち方に対する優劣の判定基準、会場設営など見当もつかない。参加者にはどのような人たちが集まるのか、一見の価値はある。ただそれだけの理由で出かけることにした。出発は大会の前日の夜八時、金沢市内のスーパー銭湯で仮眠をとり、受付一時間前に到着の予定で出発した。

会場は福井県鯖江《さばえ》市、先の東京オリンピックで体操競技場の練習会場になった総合施設である。大会会場には一メートル四方のがっちりとしたそば打ち台の上に、木製の朱と黒に色分けされた立派なそば練り鉢が載せられている打ち台が十二台、整然と並んでいる。会場の様子を撮影するために持参したビデオカメラは、結露して作動しない。

選手控室には応援者の出入りは禁止されているので、中のようすは分からない。保さんは控室から出てきては、中の様子を二人に報告した。

その時、私たちが持参したそば打ち道具はホームセンターで求めた径四五ミリと三〇ミリの手摺材の麺棒、鉢はステンレスボウル、保さん自慢のそば包丁は山形市の刀匠が鍛えた重く厚い黒仕上げ。口の悪い選手たちから「山形の人は野球のバットでそばを延し、鉈《なた》でそばを切る」と囃《はや》されたと今でも語り継がれている。あれから二十六年、今年でやまがた名人大会は二十五回目を迎えるまでになった。

この大会で見聞したことをJAの工藤順一さんに報告すると「全国名人大会に負けない、やまがた名人大会」を実施しようということになった。

そば打ち道具と会場設営はそば工房が担当し、参加者募集、審査員、賞品などの準備はJAと分担して準備に取り掛かった。

開催まで四十日程度、私たちが開催の広報まで手が回らない状況の中、よく三十余名の選手が集まってくれた。

会場としたのは、ＪＡで管理委託を受けていた、さくらんぼ会館の映像ホール。この映像ホールは寒河江市の観光スポットを紹介するために、大型映像投影機を備え、当時最先端のディスクプレーヤーで十分程度の映像が、繰り返し上映されていたが、次第に魅力の薄いものになっていた。そのホールにシートを敷き、麺打ち台を臨時にセットして、そば打ちの体験場として使わせてもらっていた関係で、会場とすることになった。

大会の実施はＪＡの協力と支援によって実現した。実行委員長には当時、山形県農協連合会長を務めていた、さがえ西村山農業協同組合代表理事で組合長の菊地真氏にお願いした。菊地氏の力によるところが大きかったからである。勿論その他にも、寒河江市、山形県、寒河江市商工会、寒河江市観光協会、寒河江市温泉協同組合、山形新聞社寒河江支局など多くの方々からの支援があったので、今日まで続けられている。

当日は福島県の会津からも、高校生も、寒河江市内や河北町、県内各地からも選手と観客が集まった。福井の素人そば打ち全国名人大会で知り合った茨城の益子正巳さんも、当時まだ会社勤めで忙しい中だったが、手伝いと応援に来てくれた。

準備不足もあり、定員に満たない中、見学に来た人たちも飛び入りで参加して下さった。

審査委員長には当時、山形県西村山総合支庁長の小関さん。小関さんは、ＪＡの工藤順一さんと懇意な間柄で、そばに関しての知識が豊富な方だと紹介された。当時、寒河江市観光協会会長の古澤康太郎さんは、現在も審査員長として支援をしてくれている。

延し台は三×六尺のシナベニア板を長机二枚並べた上に載せ、ガムテープで固定した急造したもの。ギコギコ動く台には筋交い棒を入れて急場を凌ぐありさま。審査の方法なども、審査員に任せ、会員は運営に回るのが精いっぱいであった。

手伝いに来ていた益子正巳さんは、工藤順一さんからの説得で急遽出場してくれて、見事な水回し、この近辺では見たことのない見事な四辺形延しを披露し、初代名人となった。

益子正巳氏は二回目から審査員としてお招きして、会員のそば打ち指導とともに運営の助言者として支援をお願いしている。

当時ＪＡでそば工房の事務局を担当してくれた日下部啓子さんは現在も会員として会を支えてくれている。その当時は、会の運営も順調で、そば打ち体験観光で訪れるお客さんも年間約二千人前後で、大会の運営費全般を賄えた。さくらんぼ会館内には農産物の加工場としてジャムやジュース、缶詰加工の設備も備えられている。その中にそば茹でに適した大きな釜もあった。

そばつゆも試行錯誤の末に完成し、つゆ作りは矢田みどりさんが受け持つことになった。参加者から提供されたそばを茹でて、観客に提供することも行なった。だが、茹で釜に入れあわてて本部に報告に来たのも、ふた昔も前の話になってしまった。

第一回目から、参加賞に寒河江産で収穫期を迎えている「ラ・フランス（洋梨）」を提供したのも、工藤順一氏のアイディアだった。観光客から得た利益を、地元に還元することにしたのである。入賞者にも地元特産の景品を用意したのはもちろんのことである。この時から「寒河江のそば打ち大会に出る時は、乗用車でなく、トラックで行かないと賞品が持ち帰れない」といううれしい評判が立った。歓迎交流会も、寒河江市民文化センターで行ない、矢田みどりさん、中村きよさん、渡辺トシコさん、渡辺美代子さん、芳賀美知恵さんたちの稲穂会を囲んでの花笠踊りも見事だった。

令和三（二〇二一）年を迎え、新型コロナウィルスの感染の拡大で世界中が大わらわで予防体制の確立が急がれていた。このような状況の中、第二十四回の大会は三年間延期された。

二十三回まで順調に開催できたのは、参加者はもちろん、支援して下さった多くの皆様のお陰である。事業を継続することで伝統が生まれ、人脈と絆が培われる。継続には常に新鮮な息吹きを与えながら、活動を活発にすることが大切なことを学んだ。

コロナが沈静化せず二十四回大会は先延ばしになったが、これまで小さな枠組の中でのやまがた名人大会であったのを、これからは世界中を荒らし回れる、さまざまな要因にも対応できる大会活動を模索する良いチャンスととらえて、運営方法について学んでいきたい。

そば打ち教室「鵜の会」のはじまり

鵜飼良平

鵜の会の実践風景：東京・神田（右端が筆者）

そば打ちを〈教える〉

池袋朝日カルチャースクールが閉校した後に、私の『手打ちそば・手打ちうどんのすすめ』(フーディアム・コミュニケーション、一九九七)が出版された。これが契機となって池袋朝日カルチャースクールでそば打ちを習った人たちの有志が集まり、再びそば打ちの勉強会を始めたいとの申し出があった。平成十(一九九八)年ごろであったと思う。会場には都内の公共施設を巡り歩き、参加する人たちも練り鉢、麺棒などを持ち歩くなど一苦労していた。

その時に会場探しに奔走してくれたのが、千葉県成田市から来る石野忠秋氏であった。石野氏は金融機関を退職し、ある程度自由な時間があったのであろう、仲間たちが集まって会を作る中心人物となり、集まりの名称を私の名字の一字をとり「鵜の会」と命名して誕生したと聞いている。

鵜の会がそば打ちを練習する会場探しに苦労していたころ、私が東京都麺類協同組合(以後、東麺協)の理事長に就任していた。

東麺協の事務所は神田の麺業会館にある。会館には組合員の研修のために手打ちのうどん・そばなど麺打ちに関する研修の場として、麺打ち用道具一式を幾組も備えた大きなフロアがある。その道のプロが研修のために使うフロアを使わせて貰えないか、と役員会に諮った。

役員会では会員のための施設を、素人のそば打ち練習場として利用させていいものかどうか、が議題の中心となった。その結果、麺業会館の研修施設は組合員のものであるが、組合員が使用しない空き時間帯であれば、麺類の食文化発展に結び付くということで、使用できる団体を限定して許可することになった。

素人たちの集まりである「鵜の会」であったが、東麺協の根拠地でそば打ちの勉強会ができるようになり、延し台、練り鉢など大きな道具などは、備え付けのものを借りることができた。

会員たちは会場探しの苦労がなくなり、小間板、包丁、各々が打ったそばを持ち帰り用容器などを持参するだけで済むので、大いに助かったと喜んでいた。

それから二年後、平成十四（二〇〇二）年の五月に私は日本麺類業団体連合会（以後、日麺連）の会長に就くことになった。

その後、発展を続けている全国麺類文化地域間交流推進協議会（旧全麺協）も四階を借りることになり、会員の増加で法人化へと衣替えして、一般社団法人全麺協となり、店子の一員となっている。鵜の会がそば打ち愛好団体の新しい道を開く動機となった。

やまがた素人そば打ち名人大会

鵜飼良平

実技中の松田を審査中の鵜飼委員長

審査員を務める

私は、当初やまがた素人そば打ち名人大会の審査員として招かれたのではなく、旧全麺協の段位認定審査員長として寒河江を訪れたのが、最初の山形訪問であった。平成十五（二〇〇三）年十二月のことである。次の日に開催されるのが「やまがた素人そば打ち名人大会」で、それも合わせての審査依頼であった。

段位認定審査は全麺協の指示通りに実施され、無事終了した。その夜、開催された交流会には、やまがた名人の審査委員長で地元の酒造の蔵元の主《あるじ》や蔵元でそば塾の主宰者、市長を含めた市のお歴々が参加。また参加団体も紹介され会場は盛り上がった。

翌日は昨晩と違って緊張した雰囲気であった。大会の審査項目はほぼ段位認定と共通している。だが大きく違うのは、そば打ち道具の持ち込みが許されていることであった。そば打ちは一鉢、二延し、三包丁といわれているが、木鉢と木鉢台、切り板を持ち込む人が多いことに驚いた。

道具で持ち込みを制限しているのは延し台と篩《ふるい》のみである。審査員から見ると、全員が同じ道具であれば審査しやすい。特に出来栄えに影響する包丁などは、どこの会場でも持ち込み自由であるが、それこそ統一したものを使うなどすれば、結果はどうなのであろうと思う時がある。

だから特に木鉢と木鉢台の持ち込みが許可されるのには驚いたのだ。木鉢の作業で大切なのは、水回しの撹拌と練る時の力の入れ具合で、そばの喉越しや歯応えの感覚の善し悪しが決定付けられる。だから木鉢と木鉢台は重要な作業を補佐する道具だ。木鉢の高低によって、返して押す動作に腕力と背筋のバランスが微妙に変わり、強くもなく、弱くもなく優しさを込めて押す必要がある。

速度も速くもなく、遅くもなく、そのペースを掴むには、そば玉からの応えを待つしかない。その応えは延し台の木鉢からは感じ取りにくい。しかし審査員から見れば皆同じ道具であれば好都合である。だが身長、体重とも同じという人はいないように、木鉢の高低もバラバラがいい。と、私は考えている。寒河江の大会は選手にとって自由度の高い要綱で実施されている。選手には優しいが、審査員にとっては厳しい大会である。

このような大会でやまがた名人位を獲得した人の中には、全国名人位を獲得した方々が大勢含まれていることも驚きに値する。そば打ちの技だけではない何かが含まれているような気がする。

寒河江の大会は昨年（令和四・二〇二二年）で二十四回目が開催された。これまで、そば工房の会員から名人位を獲得したのは現会長の鈴木俊一郎さんが三代目、大沼保さんが十代目で、その二人だけである。前会長の松田さんも五段位をめざし努力したそうだが、最終段階まで到達したものの、高齢で挫折している。少しずつではあるが、会員の中には「やまがた名人大会」の名人位を目指して切磋琢磨している「そば打ち愛好者」がいるので、中々大変な時代になっている。

私は、やまがた名人大会は挑戦する方々にとっては優しい大会であると感じている。やまがた大会には予選会がない。それに全国名人大会の約一ヶ月後に開かれる。全国名人大会で名人になられた方は、その他の名人大会に出られないということがあるらしい。そんな訳でやまがた大会に出場できなかった人は数人いると松田さんは語っている。私は両方の審査員を務めているが、どちらで名人位をとられても技術の水準は変わりがないものと思っている。やまがた名人大会の発端は「地域おこし」の目的で、行政と関わりのない「ふるさと寒河江そば工房」という団体が主管し、農協がバックアップしているところにユニークさを感じる。平成十四（二〇〇二）年、鵜の会の寺西夫妻の旦那様が名人、準名人に奥様が獲得された時、その様子を鵜の会で報告されたのを聞いた。「入賞して二人分の賞品を運ぶのに、車のトランクが満杯で今度はトラックで出かける」と語っていた。現在は賞品が少なくなったものの、参加賞はラ・フランス一箱だ。審査員をしているお陰で私もいただくことがあり楽しみにしている。

令和二（二〇二〇）年と三年はコロナで休止したが、二十四回目は無事終了することができた。やまがた名人大会が全国で初めて実施したのがそば打ちの「団体戦」である。この大会では水回し、練り、延し、切りの四行程を四人で行なう競技に仕立てているが、数年前から部門賞を設けて技術の進展に役立たせている。そのように常にユニークな企画、新しい試みを続けているやまがた名人大会は面白い。

そば打ち遍歴で東奔西走

松田伸一

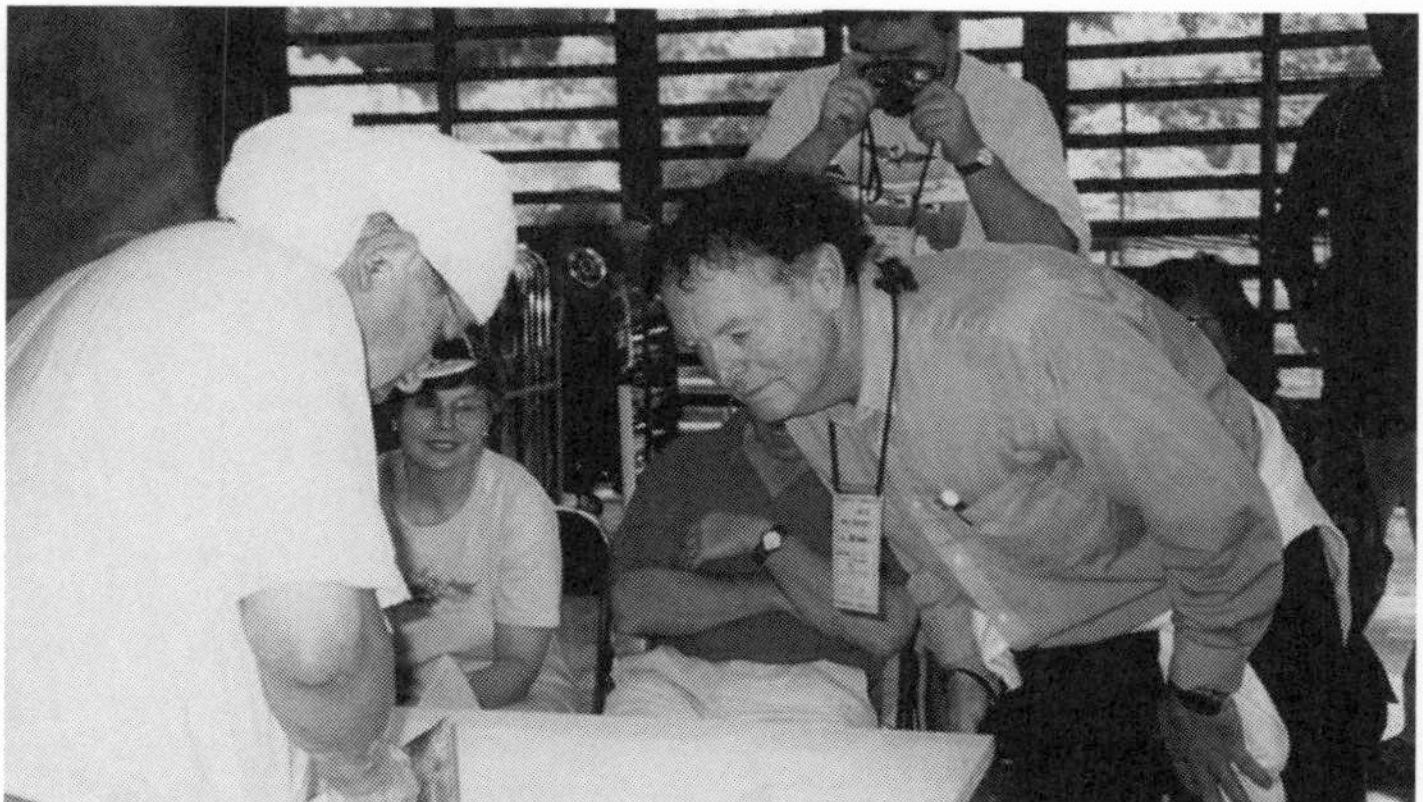

実技中の出場者と審査委員

初段に合格するまで

私は旧全麺協の初段に挑戦して、二度失敗している。初段で二度の失敗談など誰の参考にもならないことは百も承知だが、全麺協が制定した「素人そば打ち段位認定制度要綱」が旧全麺協の総会で承認されたのが、平成九（一九九七）年七月だった。そば打ちの段位とは何たるものかも知らず、ただ初物喰いの卑しい心から挑戦した。今考えるとあまりにも稚拙な行動だったのでは、と思っている。段位というものが何を意味し、そば打ち愛好者に何を期待しているのかを理解するための挑戦であったのだと理解していただければ少しは恥を晒す甲斐があろうというものである。

全麺協とはどのような組織なのだろうか。そば工房を設立したのが平成五（一九九三）年、旧全麺協も同じ年に発足している。そば工房は来訪する観光客にそば打ちの体験を手伝う団体。全麺協はそばで地域振興を目指している自治体の集まり。自治体間の相互扶助の精神で地域活性化を図る目的で自主的に結集した自治体だけでなく、そば打ちを愛好する素人も一緒になって活動を行なう集団だと私たちは考えて加盟した。

私たちそば工房が旧全麺協に加盟したのが平成九（一九九七）年、私が初段に初挑戦した翌年である。

全麺協が素人そば打ち段位認定制度実施要綱を発表した時点で、そば打ちに初段から五段に挑戦するには半年以上、二段位から三段位までの段位が設けられた。初段位から二段位に昇段するには一年以上の修行期間が設定されている。全麺協では初段位から出発して三段位まで到達するまでの間に四段位、五段位の審査体制を整えている。段位認定会の審査が始まったころの審査員資格者には、プロの方々の協力が不可欠であり、その礎を築いたプロの方々の功績は偉大なもので、忘れてはならない。

私がそば打ちを始めて五年目、観光客にそば打ちの手ほどきをし、そば打ちの楽しさを伝える手伝いを始めて間もないころのことだった。そば打ちに技の達成度を認定して、段位を設定するという。だが、全麺協が定めた認定基準に従って、そばを打つ経験などしたことがない。観光客相手にそば打ちを教えるのには必要がないことだったからである。観光客には作業前の手洗いを必ず実行してもらう。粉の混合から始めて、切りを終えると道具の後片付けは私たちがまとめて行ない、茹で上げたそばを試食して帰るのがお客様だ。教える人が全工程を順序よく最後まで試すことなど稀であった。

私が最初に挑戦したのが、認定要綱を制定した年の十月、茨城県金砂郷町《かなさごうまち》（現常陸太田市）のそば祭りで行なわれた認定会であった。もう二昔以上も前のことで、漠然とした記憶しかないが、多分そうであったのだろう。

何故私は受験しようと思い立ったのであろうか。旧全麺協という組織が「地域おこし」という目標を掲げ、そばで地域を元気にしようとの掛け声と共に、そばを活用して素人がそばを打つ技量を審査して、段位という評価基準を設定した。私のそば打ち経験から、自分がどの程度の技量なのかを、評価してもらおうと考えたからである。

そば工房から挑戦したのは、大沼保さんと私の二名だった。今となって思い起こすと審査員にどうやら鵜飼氏もおられたような気がする。段位審査とは、何を試されるのかまったく分からないまま出かけて出場。審査の結果は私が不合格で大沼さんは二段に値するとの評価で、初段に合格した。

その前年まで初段受験者には二段への飛び段が認められていたが、認定要綱で飛び段は認められなくなっていた。そのようにまだ、審査制度にも混迷があり、試技者に対し審査員から簡単な声掛けがあったりして、今では考えられないが「和らいだ雰囲気」もあった。

その時、私への声掛けをしてくれたのが鵜飼審査員だったような気がしてならない。声がけは水回しの段階で「そんなことをしたらそばが風邪をひくよ」の一言であった。「そばが風邪をひく」そんなことがあるのか。そばにどんな症状が現われるのだろう。その時はその言葉の意味すら理解できなかった。どんな水回しをしたのかさえ記憶にない。不合格の理由はそればかりではなかったであろうが、結果は合格点に届かなかった。

翌年、再度の挑戦をしたのは茨城県の水戸市でだった。保さんは二段へ、私は初段への再挑戦ということになる。この時の失敗はその原因をはっきりと記憶している。私に与えられた打ち台の位置は、窓際で直射する太陽の光と熱がじかに伝わる台に、スポットライトを当てられたように注がれていた。

だから加水の過不足すら判断できないのだ。加水が足りないのにまとめ上げようとするが、そば玉の乾燥が進むばかりのような感覚だったので、加水不足でこのまま練ることができないと判断した。

そこでくくり直前でそば玉をバラバラにほぐし、また水を加えた。水は鉢の底にうっすらと溜まり、塊の表面が「ぬるっ」とした感じで、団子に水を掛けたようにぬるぬると動き回る。それをていねいに一つずつ潰しながら練り上げた。このようなことは常に行なっていたことで、私にとっては何の問題意識もなかった。

というのは、そば打ち体験で訪れたお客様の大部分の方が、このような状況をひき起こすからだった。そこを担当指導員がうまく修正するのが、体験者に対する腕の見せどころであり、当然すべき役割だと決め込んでいた。そのような打ち方は歓迎されない。でも、そばを大切に扱い、最後まで仕上げてやり、お客様に達成感を感じてもらう、それがそば打ち体験に訪れたお客様に対する担当指導員の役割である。

また、そば粉を粗末にしてはならないと決め込んでいた。だから水回しに失敗しても、じょうずに修正して仕上げればいいという考えで、堂々と加水して仕上げた結果、またもや不合格の点数をいただくことになった。

審査員制度ができた当初は、審査に当たる方々にもプロが多く、真剣にそば打ちに取り組む素人の受験者の姿についい一言、助言らしき言葉を掛けてしまう。それで受験者が冷静さを取り戻し、気持ちを新たにして実力を発揮して、さらに昇段への意欲が増すことを知っている。だからこそ、人情味のある「つぶやき」が自然と出るのであろう。やがて数年後、その「つぶやき」も禁止され、審査員の「統一見解」が示されるようになったのが平成十六（二〇〇四）年に発刊された『そば打ち教本』である。

初段に合格した三度目の挑戦はやはり茨城の金砂郷町での段位試験だった。二度目の挑戦から四年が経過した平成一三（二〇〇一）年で私は六十四歳になっていた。この時は寒河江から初挑戦の二人と私とが出かけ、三人とも合格した。

初挑戦から丸五年の歳月が経過していた。

旧全麺協『そば打ち教本』とふるさと寒河江そば工房

松田伸一

水回し作業中の筆者

旧全麺協で『そば打ち教本』の初版本を発刊したのが平成十六（二〇〇四）年五月のことである。その奥付には編集委員長、石野忠秋氏の編集後記が載っている。

編集委員長を務めた江戸流そば打ち青山学舎主宰者の石野忠秋氏だが、平成最後の年、病に倒れて他界してしまった。これから一般社団法人全麺協での再び活躍の機会が訪れるものと期待していたので残念だった。

石野氏が『そば打ち教本』で「郷土そばの技術とその特徴」として山形の板そばを取材するため、カメラマンと二人でそば工房を取材に来られたのが平成十五（二〇〇三）年の秋である。そば工房が北海道幌加内のそば博覧会から帰ってすぐのころだから教本の編集に取り掛かって間もないころであったろう。

なぜ「山形の板そば」を取り上げてくださったのか、どのような経緯でそば工房を選んでくれたのか、今ではもう石野さんに聞くことはできない。山形県内で全麺協に加盟しているのはその当時はそば工房だけであったからであろうか。山形県はソバの生産量も消費量も国内では十指に入る県であるが、何故か全麺協に加盟しているそば打ち団体は我が会だけであったからなのだろうか。

石野さんが教本の編集に取りかかったのが平成十五（二〇〇三）年十月とある。編集方針で取材先の検討があり、山形の板そばを選んでくれたことに感謝している。山形では「そば処」だと誇りを持って自慢できる時代になった。

取材を受けた当時はそば工房が発足して間がなく、その活動も活発で、ＪＡではそば打ち体験と交流施設を兼ね備えた施設「さくらんぼ友遊館」を建設した。そこが活動の拠点だったので、その施設で取材を受けることにした。デモ打ちを会員の長老、神藤光夫さん（当時六十八歳）にお願いした。神藤さんは山形市でも老舗のそば屋で、そば打ち職人となって定年で退職し、そば工房の仲間となり、指導的な役割を担ってくれている。「普段は二キロ打ちをやっているので一キロでは調子が出ない」などといいながらも、進んで引き受けてくれた。昭和三十一（一九五六）年、弟子から職人になった時、店主からもらった陶器の練り鉢は山形の清水焼。使い慣れた延し棒は長さ四尺五寸で太さが一寸八分の杉材の一本を使い、山形県が改良した新銘柄「出羽かおり」を打ちあげてくれた。

取材は石野さんの車でカメラマンと二人で昼ごろに到着した。取材を終えたのは夕闇が迫るころだった。取材の二人は当然寒河江に泊まり、懇談の時間があるものと期待していたのに、次の取材を約束してあるから、とすぐ福島へと向かう、という慌ただしさだった。

「郷土そばの技術とその特徴」の取材は山形から始まり福島、新潟、長野、福井、富山、んどの取材記事は石野さんの文章によるものであろう。その内容は、誰がいつ見ても的確で分かりやすい解説で見事である。

石野さんの取材を契機に、青山学舎との交流が始まった。青山学舎や石野さんのそば打ち仲間の人たちを引率してのやまがた名人大会や、段位認定大会に幾度となく参加してくれて、団体戦の常連でもあった。特に平成二十五（二〇一三）年七月に開催したそば工房設立二十周年記念式典には会員二十数名と共にお祝いに来てくださった。翌日には寒河江でサクランボ狩りを満喫してくれた。これは全麺協が提唱している「結い」の絆であろう。このような石野氏の心を酌み、『そば打ち教本』の編集後記の内容の一部を紹介したい。

全麺協の素人そば打ち段位認定制度が発足して以来、すでに七年、その間、高段位（四段位）の創設とともに長年の懸案とされてきた『そば打ち教本』も、多くの方々の協力を得て発刊の運びとなりました。全麺協創立十周年と重なり、誠に感慨深いものがあります。本書の企画検討に当たった普及委員会では、編集内容にさまざまな意見が出され、議論を繰り返し、幾度となく持ち帰るといった紆余曲折を経て最終企画案のとりまとめができたのが、平成十五（二〇〇三）年十月、その後半年余りの間に慌ただしく各地への取材、執筆（依頼）、とりまとめ、そして編集、校正といった一連の過程を経てようやく発刊に辿りつきました。――と結んでいる。

その教本も改定版がすでに二度目となった。一般社団法人と改組されて六年、近々新たな改訂版へと内容の引継ぎが続けられると思う。

そば打ち仲間の絆とは何なのであろう。そばによる地域おこしで育まれる結の精神こそ石野さんの願いでもあり、富山県利賀村（現南砺市）に集まった人たちの願いでもあったであろう。教本の改定にあたっては故人の遺志と熱意に応えなければならない。三版目となる編集に際しては、法人となって初めての発刊となる。初版本の伝統をどのように守るのか心配だ。法人化に伴い活動の方向性も、地域活動重要視から「そば道」中心へと傾いている。そのそば道の理念について、私には理解しがたいものがある。そのように考えるのは私だけであろうか。

初版本のねらいはそば打ちを通しての地域おこしと人間形成、とある。その神髄を踏襲してこそ全麺協が永続して発展するための道筋であろう。石野さんもそう願ったのに違いない。

日本そば博覧会in幌加内《ほろかない》に参加

松田　伸一

北海道幌加内でのイベント会場で

そば工房で最初に「日本そば博覧会」に出店したのは、平成十五（二〇〇三）年に開かれた第九回の時で、会場は北海道雨竜郡幌加内町。テーマは「世界そばフェスタ.in幌加内」であった。

このそば博覧会に出店を決意したのは、寒河江と幌加内は以前から交流があったことにある。幌加内町からも「やまがた名人大会」への参加やそば生産者団体やJA北空知で「そば工房の活動」を研修に来てくれている。そんな関係で互いに意思疎通があったからである。折しもNHKの朝ドラ「すずらん」が放送されたのを見て、幌加内のソバ畑の花を見に行こうと研修地に幌加内を選んだ。

訪れたのは幌加内で開催予定のそば博覧会前年の七月下旬であった。幌加内のソバの花の開花期は七月中旬から八月初旬。訪れた時は広大なソバ畑の白い花が視界一杯に広がり、遠くに臨む山裾まで広がって、白く霞んで見える景色が今も脳裏から離れない。そばの作付面積は町の耕作地の約半分の二千四百ヘクタールと聞いて驚いた。農家の納屋には、そば専用の超大型コンバインが二台も置かれている。運転席にはハシゴでのぼる。何もかも規模が大きいことに驚きの連続である。

山形のソバの栽培規模は一区画、大きくて三ヘクタール程度、比較にならない規模に圧倒されるばかりである。幌加内JAのそば集荷施設に、圃場から運ばれてくる玄ソバはダンプカーだ。最盛期になるとダンプカーが集荷場に列をなし、荷下ろしの完了するのが深夜に及ぶ時もあったと聞いて、また驚いた。

このような地で毎年「幌加内新そば祭り」を実施している。町の人口約二千人に対し、祭り期間には三万人以上の人たちであふれかえるという。新そば祭りと全麺協の日本そば博覧会を共催で平成九（一九九七）年、同十五年、同二十年、同二十五年とほぼ五年毎に全麺協日本そば博覧会を開催している。そば工房で出店したのは十五年の「世界そばフェスタin幌加内」であった。

その後も個人として二十年には手伝い、二十五年の時は旧全麺協二十周年記念にあたり、特別企画として「山形の伝統そば打ち丸延し」を、私と鈴木俊一郎さんの二人で披露した。このように北海道とはそばを通してそば打ち仲間の絆が強くなった。幌加内を中心に紋別市、上川郡新得町、十勝市と交流が続いている。

話をそば博に戻そう。開催日は九月五日から三日間であるが、出店の条件が「新そば」であることとある。山形産の新そばは十月末にならないと手に入らない。北海道の狙いはそこにあるらしい。必然的に北海道産ということになり、あらかじめ北海道からの手配が必要である。そこで開催場所の見聞や、粉の手配などの確認に出かけることにした。あいにく同行する会員が見当たらず、私一人で出かけた。車で新潟港まで行き、そこから小樽港へフェリーで往復した。

新潟の出航は午前十時、小樽港へは翌朝まだ夜が明け切らない四時に到着、幌加内へ向かう道々のラジオからは広島原爆投下の平和記念式典の実況の放送が流れていたので、八月五日に出かけたのであろう。事前に交渉をしていた幌加内の丸〆商店の社長から町の中やJAの玄ソバ収納庫などの案内と説明を受けた。ソバ殻を有機肥料として活用する広大な処理施設、ソバの試験栽培場などの案内もしていただいた。

その時に訪れた試験場には、まだ「ほろみのり」が試験栽培状態であったが、見学することができた。折よく満開花期で一株ずつゲージに囲われて数百鉢の「ほろみのり」が整然と並んでいた。背丈が五十〜六十センチと背が高い感じがしたが、鉢植えであった関係で背丈が高く感じられたのであろうか。驚いたのは開花の状況で、下段の枝先の花序から上段の枝先まで一斉に開花している。無限伸育性などが現われていないのは何故だろうと考え込み、無言で立ち尽くしてしまった。

（＊註：ソバはイネなどと違い、株の成長―開花―結実が同時期にならず、花芽をつけながら主な幹が成長し続けるため、早く結実したものから先に実がおちてしまう。そのため結実の最も多い収穫期を見極めるのが難しい。これを無限伸育性といい、これに対してイネなどの成長を有限伸育性という。ソバをある程度イネのように結実時期を集中させる研究が現在行なわれている）

ソバの収穫作業も改善され、細かい配慮がなされていた。刈り入れ時の天候や湿度の状況、区画ごとに刈り取り時刻帯を設定し、荷下ろしのロスを防ぎ、品質向上対策が取られていた。そば祭りの開催会場となる町役場の駐車場、各ブースに配置される茹で窯やシンク、共同の食器洗い場は自衛隊員の協力、それと幌加内高校生たちや、町民揚げての協力体制が整っているのを知ることができた。売店の配置、打ち場との位置関係などの案内を受け、宿舎の場所見学、粉の手配などを行ない、一泊して帰った。

出店は実験である

当時、出店した際の資料は散逸してしまったので、大半は記憶を呼び起こしながら書いている。最初の関門は、手伝いの人に旅費の個人負担をお願いすることだった。飛行機の手配はＪＡにお願いし、各種の割引を活用し、参加者が均等に三万五千円を出し合うことにした。全行程五日の出店で参加者を募った。意外にすんなりと参加者が集まった。

当初の目論見では個人負担は旅費だけで、その他の経費はそばの売り上げで得た利益で賄えるのでは、との見通しで収支を立案し、損益分岐点は一日当たり六百食ということになった。

出店予測として三日間の集客約五万人、一店舗の客数一日当たり八百食と見込まれると要綱には記されている。それを根拠に損益の予想を立て、準備に取りかかった。
どの店も原料のそば粉は幌加内産で、同一ということになる。何によって他店との差別化を図り、地域の特色を演出するかが課題である。そば工房は「世界にはばたけ山形の板そば」を目標にしている。板そばの器となるのは、杉材で作った盛り板と称する物で、それを三百枚作った。B五判用紙の大きさで、深さ三センチの箱型にして制作を依頼した。素材は山形県の銘木「金山杉」これが一枚七百円、半額を県からの助成で賄った。その他にそばつゆはJAで醸造している醤油を使って新しく調合した。そばつゆの「かえし」だけを持ち込み、荷物を削減し、初日に使う分の「そばつゆ」を持ち込んだ。そして二日目以降のつゆは現地で調合することにした。人員は各人の仕事の都合で発隊、本隊、支援隊と三班に分かれての行動となった。（＊註：そばつゆの元になる「かえし」は、醤油の味を丸くするためにみりんや砂糖を加え、店によっては2、3週間ねかせたもの。それとは別に鰹節・昆布・煮干・干し椎茸などで毎日「出汁」をとる。「かえし」と「出汁」をあわせて旨みのあるそばつゆができる）
荷物の輸送も一苦労だった。宅急便荷物コンテナを二つ借り受けて荷造りした。三百枚の盛り板、店頭を飾る看板、そばを洗う道具、そば練り機、器、猪口など壊れ物、「つゆ、かえし」の液体などの発送は先発隊と本体が準備して出荷した。
特に思い出深いのは幌加内での活躍である。旧全麺協のそば博覧会はそば工房にとっては最初の出店である。幌加内での滞在期間は四日間、帰りの一泊は札幌で、計五日間の滞在となる。会場の幌加内町役場から宿泊場所の自然の家「まどか」まで約十五キロの移動はレンタカーでの往復。その運転は店長を受け持つ大沼庄一さんが一人で行なった。大沼庄一さんは焼き鳥「庄ちゃん」の主、歌上手、踊り上手の芸達者、そば打ちもやまがた名人大会の準名人で責任感のある人であったが、幌加内から帰った翌年の春、胃がんを発症して帰らぬ人となってしまった。

その庄ちゃんの働きでも幌加内での営業成績は芳しくなかった。主催者の全集客数の目論見は予想を上回ったが、何しろ世界各国からのそば料理のフェスティバルである。客足の半分以上が世界のそば料理に集中し、日本そばに客が集まりにくかった。そば工房の実績は、初日三百八食、二日目七百三十九食、最終日八百四十食と目標には達したものの、予想以上に経費がかさみ、札幌での夕食会は個人負担となってしまった。

だが、それにも増して楽しい思い出がたくさんできた。宿舎では各国の人たちとの交流ができた、東南アジア諸国、北欧の国々の人たちとの交流は楽しかった。夫婦で参加したある会員は「生涯で一番よい思い出となった」と語る。最終日、札幌すすきので食べた寿司の味が忘れられないと語る人もいた。特筆すべきは開催の前日に準備段階で約百五十食も販売した機転を働かせたのには驚くべき出来事であった。

個人参加の追加負担金があったものの、翌年長野県松本市で開催されたそば博覧会出店の基礎固めになったのは言うまでもない。

私は九月の定例市議会の都合で全日程の参加はできなかった。荷造り、食券、飛行機の手配を整え、二日目の朝から翌日の昼までと二十時間余の手伝いとなった。集客に苦労した初日と最後の後片付けまで、一番重要な時間帯の手伝いができなかった。でも、会場の雰囲気、お客の流れ、呼び込みの重要性、店の特色を出すための看板、店舗内でのそば備蓄加減、打ち場との連携などを考えると全日程を通した資料の集積も大切と実感した。

北海道には山形県出身者もいて「そば処山形」が来てくれて嬉しいと、励ましてくれたり声をかけてくれたり、心地よい出会いであった。その後の出店に欠かせない重要な体験ができたのが大きな収穫であった。

日本そば博覧会in松本

松田伸一

松本城

第一回信州・松本そば祭り

幌加内の翌年（平成十六・二〇〇四年）に開催された第十回「日本そば博覧会in松本・第一回信州 松本そば祭り」に出店を決めたのは、幌加内の帰りに札幌で開いた慰労会の席だったという。私は九月定例市議会開会中なので、その席にはいなかった。

この時の慰労会は新鮮な魚介類が売りものの札幌すすきのの寿司店で行なった。そばの売り上げが予想よりも遙かに少なく、各自が会費を持ち寄っての席となったが、意外と気勢があがった。それは、もの珍しい寿司の種に影響されたことにもよるが、出店という新しい試みによる体験の成果が大きいといわれている。

幌加内での「世界そば博覧会」では、外国からの出店目標がそば料理の紹介であった。北欧からはそばのリゾット、クレープやガレット、韓国はチヂミ、冷麵。その他に焼き菓子やケーキ類と、多彩なそば料理のオンパレードで、客の注目を集められてしまった。

だが松本は「そば」だけである。開催期間は十月の「スポーツの日」を入れての三日間である。何とか山形産の「出羽かおり」が収穫期に入り、新ソバで出店に間に合うので元気を与えられた。

日本そば博覧会のほとんどは、主催地域産の新ソバの時期に合わせて開催されている。北海道の新そばの収穫は八月末には始まるが、内地では早いものでも九月末からで、山形では早くとも十月末になり、収穫が遅くなる。要因の一つに山形は何といっても「米どころ」だからである。ソバの収穫は米の後になり、本格的に出回るのが十一月の頭ということになる。

松本では平成十七（二〇〇五）年から二十年まで四回出店したが、そのたびにさまざまな思い出がある。最初の年は幌加内同様、会場の下見から始まった。松本の下見は会場のこともあるが、スタッフの宿泊場所の選定が大きな目標で、事前に主催者から推薦されている数軒の宿泊先を見聞し、その中から選んで予約した。

開催日は十月九日から三日間。出店募集要項は意外と条件が厳しかった。出店料十五万円に加え、盛りそば一杯五百円で二割を賦課金として納めることになる。出店した場合の損益の分岐は三日間で何食になるのか。事前の目論見では何とか経費分は稼げそうな予測が成り立った。

最初の課題は開催場所の下見であった。どんな場所でどのように開催されるのかを確かめるために下見を行なった。開催三ヶ月前、会員の大沼保さんと私の二人で出かけた。幌加内の下見は一人だったが、今回は二人なので心強い。保さんの車で出かけた。片道七時間余、運転は保さん任せの気楽な下見である。

松本に着いたのは昼時で、市内のそば屋で腹ごしらえ。そばの太さは山形と大差ない感じがした。松本城の大手門をくぐると、すぐ脇に、建てられて間もない仮設の大会臨時事務局があり、大会にかける熱意が感じられた。

事務局は「そば祭り」部門と「そば博覧会」部門に分けられ、準備が始まっていた。そば店舗の仮設場所は、松本城を囲む内堀の外苑で、松林を配した庭園の中。国宝敷地内なのでさまざまな制約はあったが二十余の仮設店舗が設置されるという。そば店に必要な上下水道の配管は、特別に吟味された準備。ごみ集積場、保冷車スペースなどが準備される周到な計画を聞き、主催者の強い意気込みを感じた。

下見の主な目的は、仲間二十数名の宿泊場所の確保であった。できれば四、五台の駐車スペース、会場から徒歩で往復できる距離が望ましい。それと安価であることが条件である。ほぼ条件を満たしたのは、最初に訪れた松竹会館で、こちらに予約を入れた。出店中の昼食は幌加内の経験から、手の空いた時に手軽に食べられるコンビニおにぎりを手配することにしていたので、会場に近いコンビニを探し、開催中のおにぎりの手配も行なった。

残るは当方の準備だけである。幌加内の経験を活かし、「板そば」という山形地域の特色を強調した看板を新調して宅急便のコンテナ二つを借り、準備を整えた。旅費と運送費の軽減を図るため、こまごまとした備品や小物は各自の車を利用して運ぶことにした。

今回の移動は、会員の車で行なうことになったが、万が一に備え、旅行保険を掛けた。開催日の前々日から一週間の契約である。出発は前日の朝六時に出かけ、約九時間の行程である。到着後直ちに出店準備を整え、宿舎には夕食に間に合うような予定を組んで出かけた。現場に着くと間もなく宅配便が届き、順調に開店準備が整った。打ち場では頼んだソバ粉などの点検も済ませた。

幌加内では経営的には良好な結果は出なかったが、会員の中では機会があれば寒河江でも「日本そば博覧会」を誘致したいとの気持ちが動くようになった。だから少々の欠損は先行投資の意味もあり、経験を積むことに重点を置いた。

やまがた素人そば打ち名人大会の効果

出店に際し、幌加内の経験からそば工房の会員だけでは対応できないと考え「助っ人」の募集を行なった。対象として「やまがた名人大会」の参加者を中心に募った。当方で負担するのは宿泊費のみ。巷でいう「顎足」の顎だけの条件。集まったのは北海道、茨城、埼玉、東京からと工房仲間とあわせて三十数名、そば工房会員と一緒にすると三日間で延べ人数は七十名を超す体制が整った。万全とは言い難いが、初日に提供するそばも、打ち場が開く朝五時からすぐ取り掛かれるよう準備を整えた。

宿舎でのミーティングで、各部の責任者を決めた。打ち場を担当してくれたのは「やまがた名人大会」で知り合った腕自慢の人たち。そば工房の会員は打ち上げたそばの運搬と店内全般を受け持つことにした。私はフロアマネージャーという役割で、客席の清掃から客の呼び込み、打ち上げたそばの在庫状況など見ながら打ち上がったそばの手配、金銭管理など店舗内全般を担うことになった。

釜前は茨城と北海道。打ち場は主に東京、埼玉のグループがそれぞれ担当することにして、夕食時には互いに役割を確認し合い、結束と絆を確かめ合った。

私は、大会の前夜祭と主催者による歓迎会出席のため別行動になる。助っ人たちとの結団交流会では挨拶だけにして、懇談の席は、そば工房の人たちに任せることにした。手伝い人の中には顎も足も自前という人たちもいて大いに助かった。

松本市長 歓迎の挨拶

歓迎会での松本市長の挨拶が今でも忘れられず、記憶に残っている。当時の松本市長は改選直後で就任間もない新しい市長さんだった。前市長が誘致した「そば博覧会」にはあまり乗り気でないという前評判であった。新市長は歓迎の挨拶で、出店者らに歓迎と感謝の言葉があったものの、市内の「そば屋さん」たちの間では博覧会開催に対する批判が多かったらしい。その理由の一つにそば博覧会期間中、そば屋の客が「そば博覧会に奪われるのでは」との懸念があったという。このことから市長選挙の間は、そば屋さんたちに配慮してか「そば博覧会に伴うそば祭りは今年度だけの事業として、来年以降は実施しない方針である」との発言であった。

その時私が思い出したのは、北海道の幌加内でただ一軒のそば屋さんが、一生懸命そば祭りに協力していた話を聞いていたので、これには驚いてしまった。松本は日本でもそば処として有名である。そば屋さんの数も相当数あるので、そば祭りに対する批判の声は大きかったのであろう。

だが、その心配は全くの不要な気懸りに終わることになる。

開店初日、目を覚ますと、黙したままですでに着替えを済ませている人も数人いる。互いに目で挨拶を交わしながら、それぞれの持ち場に向かっている。十月の朝五時は未だ暗い。急いで身支度を整え、店に向かった。売り場の敷地内は防犯灯と常夜灯だけがともり、暗い店内に入り裸電球にスイッチを入れた。未だ明かりが点いている店は少ない。店内の点検を終え、準備を仲間にお願いしして打ち場に向かった。

打ち場はもう活気がみなぎっていた。主催者が準備した打ち場は三ヶ所あり、私たちは大手門に近い公民館一階の会議室。一店舗当たり延し台は四面、床をブルーシートで養生し、窓はビニールで目張りし、衛生面の気遣いを感じた。玄関先にはそば運搬用にと数台のリヤカーまで整っていた。順調な打ち場の様子を確かめ、再び店へ。店先はシートで塞がれ、未だ開いていないはずの店内からは賑やかな話し声。

覗くとすでにお客様がそばをすすっている。訳をうかがうと、お城の公園には、いくつものラジオ体操グループが来ており、体操を終えた後に店をのぞきに来たお客さんを、スタッフが誘い入れたという。お客様は体操のために集まるので、金銭を持たないのが当然。

それを承知で明日の朝の清算で、ということで招いたという。その積極性と祭りに対する雰囲気に対応する能力を備えた助っ人たちの意気込みに心強さを覚えた。この時のお客さんが当日開店と同時にお友達を誘って来てくれたのには驚いた。

朝の客が一段落したころから報道陣の取材が始まった。寒河江の看板メニューは「山形の板そば」である。これはそばを盛る器に箱板を使う。箱板は幌加内にも持参したもの。山形県の銘木と言われる金山杉の特注品、三百枚を持参した。それが環境にやさしいと解説付きで「山形の板そば」がテレビにアップで放送された。このお陰で順調な初日が終了した。だが来客の対応に追われていて、翌日の台風襲来の情報など知る由もなかった。

初日は暑く、二日目は台風接近で中止、三日目は快晴となり、大盛況で終了した。

二日目はどうだったかを、簡単に報告する。実は初日の昼ごろから知らぬ間に、台風の接近で雲の動きが怪しくなりつつあったらしい。昼ころからの情報では、明日朝方から台風が松本市を直撃するという予報が出されていた。だが私たちは接客に追われ、台風の情報が店まで届いていなかった。明日の台風接近で営業中止の知らせが届いたのは閉店直後で、責任者集合の連絡があり、大会事務局長から台風接近のため、明日の開催は中止するとの連絡があった。

仲間に知らせると休養組とか、観光組とかでのんびりと過ごせると喜ぶ人が多かった。

翌日の早朝、台風に備えて店舗内の備品や食材の点検に追われた。ひと段落すると出店責任者は大会事務所に集まるようにとの通知があり、出向くと一部の出店者による一日分の出店料の返還を求める交渉が行なわれていた。申し出を受けた主催者は「出店料の返還は困難である」と、るる説明をしていた。

出店料は店舗の大きさで十五万円と三十万円、それに、売上金の二割の賦課金がある。出店申請書には中止に対する対応策が示されていなかった。出店者にとっては一日の休業の穴は大きいが、台風には逆らえない。出席者が沈黙する中で私が最初の発言者だったが「主催者の主張は、台風が予測できないことであり、返還を求めるのは無理なことではないか」と主催者を代弁するような発言をした。

私の意見に賛同する方々の声が多いように感じた。主催者に理解のある出店者が多くあり、返還請求はしないことになった。結局返還請求に反対した多くは全麺協加盟団体だった。全麺協が提唱している「結い」の精神が生きていることを痛感し、全麺協の主旨に合致した絆が生きているのが嬉しく思った。

幸いにも台風の接近はなく平穏な一日であった。

最終日は好天に恵まれ三日間のそば博は無事終了した。

私たちそば工房は「全麺協」の一員として出店している。全麺協の目的の一つに「相互扶助の結いと地域振興」の目標がある。昔ながらの「結い」ともいうが、はっきりとした定義などもない。ただ「困った時はお互いに助け合う。一人でできない時にはみんなで力を合わせる」と漠然としたものであろう。この精神で発議しただけである。結果として私が最初に発言しただけである。

どの出店者も同じであるが、二日目の営業も出来るものとして、ある程度のそばを準備している。その中で私たちと数店舗が備蓄したそばがあり、廃棄するのは忍びない。そこで中止を知らず会場に訪れた人に、無料で提供した。これが明日の客を呼ぶ起爆剤になるとは思いもしなかった。

台風は昼ごろに仮設テントを少し揺らした程度で、あっけなく通過した。最終日の天候はまさに台風一過となり、晴天に恵まれた。実質二日間の営業であったが、予想を超えた業績であった。残念だったのは売り上げの二割の賦課金を逃れるのに、過少の売り上げ申請をした店舗があったように見受けられたことである。主催者の事前準備の様子から見ると、相当な主催者負担があったろうと容易に想像できた。次回のそば祭りから出店料が倍になり、二割の賦課金がなくなった。

それから二週間くらい経過して、松本市長からそば祭り出店の礼状と共に「来年も継続してそば祭りを実施するので協力を依頼します」との文章が添えられていたのには驚かされた。松本市内のそば屋さんたちから「そば祭り」継続の声があがったという。そばで地域おこしを始めた旧全麺協の精神を理解してくれたからであろう。

市内のそば屋さんには、開催日から普段に増しての来客があったという。それに二日目の祭り中止でそば祭りを目当てに松本を訪れた人たちが、そば屋さんに集中したのであろう。祭り開催期間中だけでなく、祭り以後もそば屋さんの繁盛が長く続いたことも、次年度開催の起爆剤になったことは確かであろう。

信州・松本そば祭り　二回目の出店

松田伸一

松本市市街

ふるさと寒河江そば工房が「第二回信州・松本そば祭り」に平成十七（二〇〇五）年も招かれ出店。二度目は十月八日から十日までの三連休に昨年同様、松本城敷地内で開催された。初日は小雨に遭ったものの九日、十日とまあまあの天候に恵まれ、三日間で十二万人の人出で賑わった。

そば店二十余店舗の他に、人出を期待してか、農産物や老舗の観光物産店、そば打ち道具の関連店舗など、合わせて三十余りの臨時店が軒を並べた。

今回も松本市長が実行委員会長を務め、「市民タイムス」を中心に長野県や松本市が支援する実行委員会が組織体制を整えていた。

この年の寒河江そば工房の店舗位置は、城門を入ってすぐの広い前庭から堀を越える大橋を望むところにあった。客が集まりやすい絶好の位置。昨年よりも条件がいい所が用意されていた。これは昨年、出店料返還要求交渉で主催者を擁護した成果ではないかと、一人合点し、主催者に感謝している。

昨年の開催中、山形の「本当の板そばを食べてみたいね」という客が何人もいたので、今回は山形らしい太打ちのそばを提供することにした。ただ、仲間内で癖のある太いそばを打てる人は少ない。結局私が打つことになった。太打ちは茹で時間も長くなるので、茹で釜も別に用意した。当時の日記には初日だけで太打ち二百三十食程販売している。ただその中で板一枚を完食した人は意外と少なく、食べ残す人が三割程度あった。その結果を見て初日だけで終わることにした。お客様も昨年と比べ一段と多く、茹で時間の長い太打ちに対応するのが困難になった。昨年の経験を活かし店舗も拡大し助っ人の人数も増やしての対応だった。

ソバ粉はいつもの山形の奨励品種「出羽かおり」新ソバを用意した。そばは二、八のやや細切りで、かえしはJA山形の醤油を使い、みりんと砂糖を加えて寒河江で作り、持参した。出汁には本かつお節を中心に宗太ガツオ、サバ節。椎茸とコンブは控えめにして初日の分だけを持ち込み、二日目以降の出汁は現地で作ることにした、だが最終日に持参した節類が底をつき、お城のそばにある乾物屋から節類を求める事態が起きるという、嬉しい誤算があった。素材が足りなくなったのは、私たちだけではないらしかった。

用意した四百四十キロのソバ粉を完売することができた。三日間で四千八百を越す来客に提供する、打ち立てのそばを用意するのも、簡単なことではない。寒河江そば工房だけの力ではどうにもならない。これを支えて実現させてくれたのが、これまで実施してきた「やまがた素人そば打ち名人大会」で培った人脈と互いの絆だ。打ち場にはエネルギーの素の「チカラビール」などの名目で、誰とも知れず差し入れの飲み物や菓子類が届いている。

このたびも手伝いを買って出てくれたのが、北海道からは紋別市、札幌市、幌加内町。それに茨城、埼玉、東京、神奈川の関東衆、合わせて二十余名が朝五時から閉店後も夕方六時まで、そばを打ち続けて下さった。店内での窯前、配膳や食器洗いの裏方を務め、閉店後は店内の清掃や明日の下準備と忙しかった。

助っ人の皆さんは、やまがた名人戦や寒河江での段位認定会の交流会で、友好を深め合った人たちばかりである。旧知の友のように、小さい厨房で独楽鼠のように働いてくれた。お陰様で二十余のそば店で最高の売り上げを達成できた。

何よりも、そばの打ち方が揃っている上に、板そばの器、飾り気のないシンプルなそばつゆが好評だった。幾社ものテレビ局で放送された「板そば」の器と共に、山形県の奨励品種の新ソバ「出羽かおり」の味が高い評価でお客様を呼び込んだ。昨年からのリピーターの中には口コミで美味しさと自然環境に気を配っていることを広めてくれた人もいた。店舗内で交わした山形弁丸出しの会話も温もりを感じさせ、客が客を広めてくれた。

木や竹などの天然素材の器を使った店が少なく、使い捨ての器が主だ。環境に厳しい長野の県民性に喜ばれたのかもしれない。

店頭でそば打ちの実演に使った欅の大きな練り鉢も、話題になった。百年以上も使っていた殻臼を改良して作った代物。実演を見ていた松本のおばあちゃんたちとの会話の中から「自然に気を遣っているこの店が好きだ、来年も来てね」の励ましをいただいたのが嬉しかった。

信州・松本そば祭り　四回目の出店

松田伸一

松本市内の風景

平成二十（二〇〇八）年に四年目を迎えた「信州・松本そば祭り」に四年連続して、そば工房が山形の「板そば」で参加した。祭りは十月六日から九日までの三日間、開催された。松本市が市となってから百周年とかで出店数も、協賛している企業も特段に多かった。

会場となるのはいつもの、烏城で名高い松本城。その内堀の外周一帯が公園になっており、祭りはその中で行なわれている。そばの店は給水と排水が命。仮設の施設には工夫が必要で美観を損ねず、環境への負荷がないように工夫されている。これまでの経験が活かされ、上下水道の配管も効率的に改良整備されていた。

秋の観光シーズンの松本城には、平常でも一日に数千人の観光客が訪れるという。そば祭りの期間中は平均して一日二万人にも達し、昼のピーク時には通路が人で埋め尽くされるほどの人出になる。

この年は記念の年であり、信州に縁の深い「島根の出雲献上そば」「兵庫の出石皿そば」「福島会津の高遠そば」が軒を並べた。寒河江と同様これまで出店しているそばブースが二十四店。それにそば道具や地元の特産品を扱う特売所、記念事業として「信州スローフード物産展」には銘菓や銘酒を販売する出店が五十数店舗、軒を並べてさながら松本市総合物産祭りの様相となり市民を楽しませた。

全麺協の「日本そば博覧会」を足がかりに始まった四年前の第一回目「信州・松本そば祭

り」は、地元のそば屋さんたちから好感を持って受け入れてもらえなかった。そば処の真中で二十店舗以上のそば店が、客を一時的とはいえ奪ってしまう懸念がある。主催者はそば屋さんからのせめぎ合いに閉口し、一回きりの実施を約束して開催にこぎつけたと語っている。結果はそば屋さんたちに好結果をもたらした。祭り開催中でも客足が衰えず、祭り開催後には客足が大幅に伸び、次回の開催の要望が出された。祭り終了後、主催者から参加の礼状とともに次回開催の案内状が同封されていた。

そば博覧会は、旧全麺協の認証行事として、各県を回り歩く。ふるさと寒河江そば工房は山形県内唯一の所属団体。全麺協からの協力依頼で、松本に出向いて四回目の年、常連客もできて友達のような親しみのある会話が弾む客も現われた。山形県で開発した「出羽かおり」の味が、地域の人たちからの評判がいい。器に使う「板」も珍しがられている。今は「もったいない」が主役の「エコの時代」。何度も使う「板そば」の板がテレビや新聞で幾度か紹介された。

住民参加型の祭りは、主催者と関係者の思惑が交差する。祭りは両者とも楽しく、快い疲労と達成感があるのがいい。市民から「来年も来て」との言葉が嬉しかったが、仲間内の女性陣の高齢化に伴い、四回の参加で終止符を打つことになった。

私たちを支援してくれたそば打ち仲間には、心を込めてお礼の品を一回目から四回目まで送っている。これができたのは、会場に足を運び「山形の板そば」を食べてくれた多くのお客様のお陰である。

手伝いをしてくれた方には、一日だけの人には十月に寒河江の米。二日間の人にはお米とリンゴ。三日以上の方にはお米、リンゴの外に翌年の六月にサクランボを送り、お礼の気持ちを表わしている。

日本そば博覧会　いわき市へ

松田伸一

小名浜みなとフェスティバルにて

平成二十四（二〇一二）年東日本大震災の復興支援の目的で、日本そば博覧会は急遽の開催を決行した。隣県の山形県民として出かけることは当然というような雰囲気で、準備に入った。

主催の受け入れ態勢を整えるのに、担当された方々は大変なご苦労があったことがしのばれる。と同時に、支援に出かけるそば打ち仲間たちの意気込みが感じられた催しであった。開催日は十月六〜八日、主催者となったのは「いわき小名浜みなとフェスティバル実行委員会」。催事のメインテーマは『いわきから元気発進』である。

メインとなる海産物級《シー》グルメゾーンには日本中の「港町の旨いもの」が二十三店舗。それにいわき市内の味自慢のお店が六十八ブースを加えて、生活支援や遊びコーナーのアラカルトゾーンがあり、呼び物としては太平洋を囲む国々からの民族舞踊団を招いてのショータイムが揃っている。その中には演歌歌手の鳥羽一郎の歌謡ショー、いわき常磐フラダンスと盛り沢山のお楽しみタイムがある。このショータイムで演じられるグループが揃っていたので紹介する。

太平洋を囲む国々からはサモアの踊り。中国の獅子舞。アメリカはカウワイ島のフラダンス。ミクロネシアの舞踊。トンガやタイ、オーストラリアのアボリジニの踊りと、目を見張る。この中にはいわき市内の愛好団体の出演もあるが、現地から招いた舞踊集団もある。もちろん、国内の沖縄のエイサー、宮崎県延岡の伊形花笠踊り、いわき市のじゃんがら念仏踊りなどが一堂に会しての、催事演舞が披露される。その他にもステージショーが繰り広げられた。見るだけでも大変なことだが、盛り沢山な企画である。その中にうずもれた「そば博覧会」となってしまった感じがした。

私が素直に感じたのは「日本そば博覧会」でなく、そば打ち団体の支援活動で出ればよかったと思った出店だった。震災や津波の恐ろしさを体験しなかった私たちに何ができるかを考えさせられた出店でもあった。

たくさんの催しの中でのそば博覧会という名のもとに出店したそば打ち仲間は十五ブース、団体としては一八団体であった。

震災直後、食べ物を扱いその場で食べていただき、対価を頂戴して、という形での支援である。衛生面だけでなく、言葉遣いにも注意を払って板そばの提供をした。器の回収にも、使い回しを避けるなどの細心の注意を払いながらの対応である。復興支援という名のもと、「そば博覧会」としての企画の在り方も、お客様も戸惑いがあったような気がした三日間であった。

災害被災者支援とは何か。どんな時どのような支援が必要なのか、時と場合によって違うのは当然であろう。一つの団体として行なうには、それなりの根拠と、目的を持った行動をとるのは当然だろう、と考える必要がある。

日本そば博覧会in新発田《しばた》そば祭り

松田伸一

堀江安兵衛の銅像（新発田市）

堀部安兵衛も苦笑する？

全麺協東日本支部は、青森県から東京までがエリアになっている。新潟の新発田市から来る板垣一寿さんとは、隣県という関係からと、全麺協総会後の宿泊が互いに上野駅近くを利用するということもあって言葉を交わす機会が多くなった。東京での会議が終わると、上野駅近くで飲み交わしたことも幾度かあった。

そのような機会に新発田市で「日本そば博覧会」の開催の機運があることを知らされ、開催された場合「寒河江も出店して欲しい」と請われていた。私も、隣県でもあるので「出るよ」などと、意気投合していた。

新発田市では、そば博覧会を盛り上げようと平成二十四（二〇一二）年十二月二十四日に「討ち入りそば合戦」のイベントを企画し「そば祭り」に出店依頼の案内が同市から届いた。十月にいわき市への出店も終えて間もなくであり、やまがた名人戦の直後であったため、そば工房からの出店は決めたものの、あいにく私は出かけられず、鈴木俊一郎氏と矢口弥一郎氏、岸久義氏の三人が出かけることになった。

新発田市で何故、赤穂浪士の「討ち入りそば合戦」なのかの由来は、討ち入りで活躍した赤穂浪士の一人、堀部安兵衛の出身地が新発田市であることが起因している。

堀部安兵衛は新発田藩の藩士で、中山弥次右衛門の長男であったが、堀部家へ婿養子となったことで、浪士の一員になってしまったことによる。

安兵衛の元の名前は、中山武庸で、幼いころから剣術に秀で、年長けて江戸に出てさらに剣術に励み、江戸、高田の馬場の決闘で助太刀をする。その剣術の腕を見込まれ、堀部家の婿養子に迎えられた。この話は講談などでは有名で、忠臣蔵に見られるような物語になる。

討ち入り前夜、そば屋に赤穂浪士たちが集結し、そばを食い、身支度を整えて出陣したことに因んで、新発田市では「討ち入りそば合戦」が企画されたと伝わっている。

同市では「日本そば博覧会 in 新発田そば祭り」の誘致を立案したのが平成二十三（二〇一一）年。全麺協にそば博覧会の申請をして、本番までの二年間を準備期間として活動を開始した。その最初の年に招かれたのは、赤穂市のある兵庫県内の全麺協会員と東日本支部内の構成員で新潟に近い山形県の「ふるさと寒河江そば工房」などが出店に協力した。

新発田市での最初のそば祭りは平成二十四（二〇一二）年十二月二十四日討ち入りの日である。

十二月に入ると日本海沿岸部の気候状況は荒れる。特に東北地方の初冬の沿岸部では荒天が続き、初冬の季節風が吹き込む特有の気象条件となる。浜は鰰《はたはた》の漁で賑わう季節である。

初回のこの年は全麺協東日本支部から寒河江を始め、福島、埼玉の仲間と赤穂と同県の宝塚や永沢寺そば道場などからの協力もあり、市中心部の繁華街で開催したのだが、季節風が厳しく、霰《あられ》に雷様まで現われ、人出の少ない淋しい催しとなった、との報告があった。

翌年、プレイベントとして、開催時期を約一ヶ月ほど早め、十一月中旬に開催された。開催場所も、郊外のスポーツ公園に仮設され、本番に近い企画がされたが、開催期間は三日間。都合により、寒河江そば工房は初日だけの参加となった。

各店舗にアルバイトの係員を二名ずつ配置するなどの気配りがあり、支援体制が整っているような感じを受けた。その時は、鈴木俊一郎氏と私の二人だけで出かけたが、人出もまばらで初日は千人に満たない集客で、互いに一回ずつ打っただけだった。一応、そばは完売した。持参したソバ粉は、仲間の板垣氏が買い取ってくれた。結果は材料費の回収ができただけで、欠損は出なかった。本番の開催期日についてはさらに検討され、新ソバが出る十月下旬に設定された。これまでの開催の結果が活かされたので本番の成功につながり、意義深いものがあったと思う。

開催期日を十月下旬に設定するのも大変なご苦労であったであろう。山形県も新潟県も全麺協の会員が少ない。その分、主催者側のご苦労があったと推測している。それに米どころ新潟で、機械化が進んだとはいえ、稲刈が完全に終わる直前の開催期日設定に苦慮したことであろう。

そんな訳で、本番に出店するのは迷ったが、最小限の人数で対応することにした。

ところが本番を迎えた開催日の三日間は、抜けるような秋空に恵まれた。主催する新発田市も前回までとは違って、山形県境を越え、新潟県に入ると国道に沿って「そば祭り」の幟旗の列で、国道の沿線が埋め尽くされ、そば祭りに対する意気込みの強さを感じた。これに呼応するように、予想を覆す大勢の人が押し寄せた。打ち方にお願いしている群馬の皆さんも必死になって、休みなく打ち続けてくれた。新潟の会員二人も厨房で大活躍であった。

新潟は米どころであり、そばには縁の薄い地域なのであろうと想像していたが、開催期日の数ヶ月前に新発田市の開催事務所を訪れた時、開催場所となるスポーツセンターの下見をし、そば打ち場となる体育館には、そば運搬用の一輪車やリヤカーを常備するという話であった。ところが打ち場から店まで約二百ートルはある。

この時にそば工房から出かけたのは、沖津みさ子副会長、花山氏ご夫妻、矢口氏、岸氏、石黒氏、それに新潟の森山氏と明田川氏、群馬から二人と私であった。前二回の経験から温かい肉そばも用意したのもよかった。

当初は次年度以降、毎年の開催も計画されたが、会場への交通渋滞が問題になり、以後開催されないままになっている。渋滞の要因は駐車場の回転率に課題があるようだ。お客様の滞在時間は予想外に長い。従ってシャトルバスなどの手配が必要と考える。主催者も、催し物を極力抑え、営業時間を長くし、客の分散化を図り、駐車場の回転率を頻繁にするなどの工夫も必要な気がする。

全国的なそばのイベントに招かれ考えるのだが、スタッフのほとんどの人は、各会場を自由に見て回ることも、食べ歩くこともできない。中日の前日の閉店時刻を二時間程度延長することも、解決方法の一つであろう。

閑散時間帯にスタッフも交代で自由に会場内を出歩き、出店に関わっている人たちの交流や、地域間のそば文化の変化に触れることができる。五時閉店でも次の日の準備は間に合う。

日本そば博覧会は単なる「そば祭り」が主な行事となり、全麺協からの支援金も減額され、新発田、幌加内、松本と続いたが、それ以後の「日本そば博覧会」の博覧会部門は止まったままである。地域振興を目指す全麺協は、大きな課題を背負ったまま歩み続けている。

恒例となった「あのよ」の語り

松田伸一

満開の蕎麦畑

「あのよ」の説明

「あのよ」というのは黄泉の国のことではない。吾輩の口癖のようだ。本人は意識せずに話の最初に出る言葉が「あのよ」から始まっているらしい。言い換えれば「はじめに」とか「そして」というような、呼びかけの言葉と理解してもらえばいい。

寒河江で「やまがた名人大会」を始めてから七回目、会場がJA会館に移って二年目、平成九（一九九七）年十二月大会の時である。開催会場も最初はさくらんぼ会館映像ホールで五回、回を重ねると出場者も安定し、観客も集まり、会場が窮屈になった。

平成十四（二〇〇二）年の秋に、大型店舗の空きスペースで初の旧全麺協の初段位と二段位の認定大会を実施した時、延し台も縦一・一メートル、横巾一・二メートル、高さ七〇センチの台十二セットを新調した。

その年から十二月に行なっている恒例の「やまがた素人そば打ち名人大会」を、新築したJAさがえ西村山の大ホールをお借りするようになった。その時、審査集計では、事務局を担当した農協職員の協力で、パソコンで採点集計が効率的にできるように入力システムを立ち上げてくれた。最初の年は、システムを作成した本人の手伝いでスムースな集計作業ができた。

ところが次の年、システムを立ち上げた職員が配置替えとなり、集計作業に手間取り、閉会式が遅れてしまった。その時、成績発表まで空白の約三十分の時間を急場しのぎに私の講話で時間を調整することになった。

審査結果待ちで参加者が閉会式場に整列している中、集計に手間取っている釈明をすることになったのだ。その時、最初に出た言葉が「あのよ」である。

当地方では釈明や言い訳の時など最初の言葉に「あのよ」が日常的に使われている。私は、根っからの寒河江住民なので、めったに他の地域の人と言葉を交わす機会が少ない、そこでつい「あのよ」のことばが自然と飛び出してしまった。

にわか「飛騨大工」の気分で語る

その時は、こんな調子だった。「あのよ、今集計しているパソコンが動かなくなって、集計作業に手間取ってしまって申し訳ありません。その間、私の話に少しの間、耳を貸してください」などと話し出したことを覚えている。

話の内容は、そば切り包丁のことだった。それだけでなく、刃物の刃先の形状、切れ味、なぜ、物を切断できるのか。調理用の刃物や大工道具の刃物のことなど、約三十分近く話を続けた。

大工道具の刃物については、五十歳を過ぎた一時期、飛騨の高山で木工職人養成所の授業を、半年ほど受けたことがあって少し知識があった。それで日本の大工道具の素晴らしさについて話した。その利便性、手作業が疲れにくく、体力が落ちる老齢期なっても仕事ができるように道具が工夫されていることから、さまざまな道具の手入れ方法など、そこで習った話を種にして話をした。

中でも日本の大工道具の中で、私が感心したのは両引き鋸のことであった。日本の鋸は手前に引く時に切断するので刃は薄く、木材のロスが少ない利点がある。特に両引き鋸は一丁の刃の左右に、木材を縦に切る刃と横に切断する刃を一体化してあり、世界に例のない日本固有の道具だという話をした。板を縦に割る時の刃先は鑿の形、横に切る時のものは小刀の刃先の形で、縦と横に一丁の鋸で切断できる。その外にも鑿の冠、かんなの刃の角度とかんな台、それから腕が上達するに従い、自分で道具を作るようになる大工職人のこと。釘を打つ玄能にも、両端同じようだが互いに別々な使い道があることや、持つ手への衝撃が伝わらないように工夫が施されている柄のこと。

資材の長さや角度を決める曲尺《かねじゃく》の使い方など、飛騨で学んだことを織り交ぜ、人間と道具についての雑学を披露して時間を繋いだ。話の内容が変わるたびに「あのよ」が入る。そのたびごとにどこかで「クスクス」と笑いが起きるのを気にもせず話を続けた。

閉会式の準備が整ったとの合図で話は即やめる。これが、場をつなぐ話の終わり方と心得ている。

特に団体で参加して下さる北海道の人たちには「あのよ」は聞き慣れない言葉であったのであろう。以後、北海道の人たちから「あのよの会長」という愛称で呼ばれることが多くなった。

私には小さいころから愛称と云うより体形や、癖、仕草など、外見からの「あだ名」を付けられることが多かったので、あだ名には慣れている。だから私には「伸ちゃん」に代わる呼び方がいつも付きまとっていて、あげると幾つかある。小学校のころは「だるま」だった。もじもじしてのろまで、先生から名前を呼ばれると、耳の付け根まで真っ赤になった。中学生の時は「仁王様」だった。達磨も仁王も赤い色をしている。我が家の茶の間の正面にある神棚の横に、大は二尺、小は五寸、大きい順に七転び八起の八体の達磨様が鎮座していた。仁王様は家向かいの寺、常林寺の山門に阿吽の仁王像が鎮座しているのにならっている。

社会人になってもあだ名は付いて回ったが、老境に入ってからは「あのよの会長」である。その「そば工房」の会長を二十余年も続けてしまった。十四、五年前の話だが、見知らぬそば打ち仲間からの電話で「あのよの会長さんですか」との問いかけに戸惑いながらも「はい、そうです」と答えてしまった。本当の「黄泉の国」でもそう呼ばれればいいのにと考えているこのごろである。

さて、あのよの会長を退いて六年目、何の拍子か全麺協の五段位に挑戦してしまった。平成三十（二〇一八）年十一月十一日と十二日、東京で行なわれる五段位の認定試験の最終審査に挑むことになった。最初の学科試験の挑戦から三回目で技能審査までたどり着く顛末までを書き残すことで、これから五段位に挑戦する人たちの参考になればと「あのよ節」として書くことにした。

五段位への挑戦の顛末

松田伸一

私が五段位の学科試験に挑戦したのは三度。最初は平成二十四（二〇一二）年、次に二十七（二〇一五）年、三度目は三十（二〇一八）年である。

五段位に挑戦するには「五段位認定会書類審査及び認定講習会受験希望調査票」の提出から始まる。

その後、技能審査に到達するまで五つの関門がある。第一の関門は「五段位認定講習会」を修了すること。

第二の関門は受験願書と一緒に所属会長の推薦文と活動歴。それには国外、県内、地域内でそば打ちに関する活動内容を記載した文書を提出する。

第三は課題に添った千二百字以内の論文。第四は筆記試験、五番目に技能審査と意見発表で合否が判定される。この制度は令和二（二〇二〇）年までで、以後改正されている。

最初は平成二十四年、喜寿を迎えた年である。前年つくば市で開かれた五段位認定講習会を受講して受験の資格を取得した後、活動歴を書いて副会長、鈴木俊一郎さんから推薦状をいただいて書類審査が通り、論文も通過した。その時の論文の課題は「私の考えるそば道」であった。

当時の組織は未だ任意団体で、旧全麵協の名称であった。旧全麵協の総会で「そば道」という文言が最初に提唱されたのが、多分それより八年ほど前のことである。その後、毎年の総会で「そば道」の早期実現を目指す旨の発議が執行部から提言され、実現間近の印象を受けた。

しかし、その実現は遅々として進まなかった。そのような時期だったから論文のテーマとして掲げられたのだろう。私の提出した論文は次のようなものだった。

私には、八年ほど前に全麺協の総会で二度ほど旧全麺協としての「そば道」に対する基本的な考えを示すように要望してきた経緯がある。

旧全麺協からは当時、具体的な答弁は示されないまま現在に至っている。そこで私なりに平成十九（二〇〇七）年、寒河江で初二段認定会を開いた際、受験者に次のような私案を提示した。

ソバは太古の昔、遠くの国からわが国に伝わってきた作物の一つで、栄養価が高く、荒地にも育ち、救荒食物として人の命をつなぐ栽培しやすい農作物の仲間である。

江戸時代から麺として食されることにより、軽便な食べ物として全国の人々に親しまれている。

そばを育てて実から麺にするまでの行程で、そばの育つ地域で育まれた自然環境や人間愛に深くかかわり、各地独特のそば食文化を醸成してきた。

全麺協は各地で育まれている「結い」の精神をそば打ちに活かし、そばを打つ行程の中から「そば道」として求め、そば打ち仲間の共通の目標とするものである。

一、そばを打ちたる者は、そばを栽培する人、食する人、そば道具に感謝の念をもつこと
二、そばを打ちたる者は、身なりを清潔にし、衛生面に気を配ること
三、そばを打ちたる者は、そば打ちの技を磨き続け、高慢にならざること
四、そばを打ちたる者は、そばに関する正しい知識を探究すること
五、そばを打ちたる者は、そば打ちの楽しさを知り、広めること
六、そばを打ちたる者は、そばの持つ味を引き出す努力をすること
七、そばを打ちたる者は、協力と共働の行動で、地域の振興につとめること
八、そばを打ちたる者は、各地域に残る技術の伝承と継承に心砕くこと
九、そばを打ちたる者は、奉仕と感謝の念を忘れないこと

の九つの項目を掲げ、十番目は団体や地域で独自な文言を入れるようにする

十、そばを打ちたる者は……

以上のような文章を参加者に配布し、意見を求めた。反応は鈍く、衛生面に対する意見が少しあったと記憶している。

論文の課題では、段位認定制度を「自己形成」「そば道」と呼んでいるとしている。言い

かえれば、高段位を目指す人は、自己形成をある程度達成した人ということになる。

私がそば打ちを始めて三十年以上になる。私は自己達成への努力は一生涯続き、未達成のまま生涯を終えるであろうと考えている。私のそば打ち経歴は、初段位が六十三歳。七十六歳の今、五段に挑戦しようとしている。そば打ちを通して何を学び得たであろうか。そば打ちを始めてから、そばという共通な話題で心を許し合える新しい友人が全国各地に増えたことに喜びを感じている。これも、そば道の一つかもしれない。――と結んでいる。

内容の評価はどうあったのか分からないが、論文では通過した。

筆記試験は北海道の砂川市で行なわれた。前日に砂川入りして、次の日に受験することにして出かけた。

予約したホテルはツインの部屋が充てられている。相方は私に気を遣い、外で勉強してくるからと言い残し、部屋での学習時間を与えてくれた。その気配りに感謝している。

筆記試験に臨むにあたって、一応は『そば打ち教本』を読み、今まで蓄積したもので充分であろうと安易に考えていたので、電車の道中で復習程度の学習で間に合うだろうと、軽い気持ちで出かけた。ところが、電車の中で学生時代のように学習などできるものではなかった。旅慣れていない者にとっては、物珍しい風景があり、入れ替わる乗客、車内販売の弁当も魅力的だった。これでは集中して学習ができないと早々にあきらめ、もっぱら旅を楽しむことにした。

一科目四十分の時間は持て余すであろうと考えていたが、アッという間に過ぎてしまった。第一の理由は、漢字が書けないのと設問が難解なものばかりで、専門用語や歴史に関する年号と年代、西暦の表記まで要求されていた。

文章表記の課題では、一度書いた文章を読み直すと、満足な表記になっていない。しばしば消しゴムの厄介になる。こんなことで、筆記試験の合格点には達しなかった。この時点で再度五段位への挑戦はしないことを決めた。

以下は当会の会報（そば工房通信）に載せた報告文である。

電車で十一時間半、五段位学科試験を受けるのに北海道砂川市まで行ってきました。

筆記試験はダルマ状態、手も足も出ませんでした。教本からの出題でしたが、憶えたつもりが、記憶に残っていませんでした。記述の部分は何とか書けましたが、たぶんダメでしょう。

私の勉強は改めて漢字の書き方から始めなければならないことを悟りました。記述の方は何とかクリアできましたが、暗記して憶える年代とか、個々の名称とかは記憶力の低下とあきらめています。

でも今後、受験される方への助言はできます。この経験を大切にしたいと考えています。受験したことで楽しいことや嬉しいことが沢山ありました。やまがた名人になった札幌の小林香与ちゃんたちが音頭を取り、北海道の皆さんや顔見知りの受験者、幌加内や松本そば祭りの手伝いに駆け付けてくれた横浜の寺西恭子さん、宝塚の小林朗子さんも集まってくださっての激励交流会を企画してくれました。

初めて食べたニシンの刺身、ジャガバター、卓上には北の海の珍味のオードブルの大皿と、皆さんの心配りに感激の歓待を受け、賑やかで楽しいひと時を過ごしました。

往復の電車の旅も思いのほか退屈しませんでした。青函トンネル内の中間駅、列車運行の遅れ具合、車内販売でそば弁当の注文取りで五個も六個も注文するお客様に驚き、往復の車中のビールも美味しくいただきました。

帰りの電車の中で、受験はもうこりごりと五段の挑戦はあきらめました。設問の回答で要求されている漢字表記ができない。再度漢字書き取りの練習からやり直す時間的な余裕もないが何度書き方を練習してもなかなか憶えられなくなってしまいました。論理的なものは分かったとしても表記、表現が困難なことが良く分かりました。意欲があっても実力が伴わない。歳のことを考えて、受験は辞めようと決心しました。

帰りの駅弁は奮発して蟹弁当にホタテ弁当。蟹は期待外れでしたが、ホタテは美味かった。ホタテを肴にしてビールもはかどりました。

しぶとく再び挑戦

だが二年後、また願書を出してしまった。推薦状も経歴も論文も通過した。しかし五段位挑戦に必要な「五段位認定講習会」の新たな受講が必要だった。受講に必要な受講料の納付と申し込みの手続きをする気持ちが湧いてこない。一度再挑戦を断念したこともあり、受講をしないことにした。この時の論文は次のようなものだった。

課題は「そば道と五段位認定後、全麺協の発展の貢献について」である。

①そば道についての私見（提出した論文）

私の住む山形県は、大正のころからそば処として広く知られるようになった。集落ごとにそば打ち名人の爺ちゃん婆ちゃんたちがいた。その人たちから、そば打ちを習った。その時私が感じたことは、誰もが優れた人格の持ち主であったということである。

その人たちは、私が考える「そば道」と似た点があるように思える。それは、

一、そば打ちという行為の中から自然の摂理を学び取っていること。
二、ソバを栽培し、実が粉に加工され、打ち手に届くまでの間に係わるすべての人に感謝の念を重んずる心を持っていたこと。
三、そば打ち道具に対し、その使用目的にかなった使い方を行ない、大切にし、感謝の念を持っていたこと。
四、そば打ち仲間と、その技を互いに理解し合い、認め合い、各自の長所から学び取る心を備え、そば打ちを楽しんでいたこと。
五、そばに関する知識を広め、日本の食文化として守り、保存に努めていたこと。
六、節度を重んじ、互いに尊重し合い、そばの食文化を大切にしていたこと。
――などである。

私はこれを目標にそば文化を広める活動を続けてきた。これまで活動を続けられたのは、日本独特の「結い」の精神を重んじたからである。全麺協に加盟し、仲間が増え「やまがた素人そば打ち名人大会」を行ない、今年で十九回になる。これまで通り全麺協と共に歩み、協力を続けることがある、と考えている。

②そば道と五段認定後、全麺協発展の貢献について

私がそば打ちを始めた時、地域の先人たちからそば打ちの技を学んだ。その経験からそば打ち、技術の習得に努力する過程で人格を磨き、そば打ちを広める活動を行なってきた。全麺協に加盟したお陰で「結い」で結ばれた地域と個人的な絆も生まれ、社会に役立つことも、私の人生の過ごし方にも影響があった。

法人となった「全麺協」の前身は、自治体が主体の組織から、一般個人で、そば打ちの楽しさに魅かれた人たちの会員が多い集団となり、執行する役員もそば打ちを趣味と捉えている方々で占められている。その中から精神的な拠り所として求めるのが「そば道」という理念が形づくられるのだと思っている。

従って、確たる目標がないまま「そば道」という耳触りのよい文言だけが先になり、「そば道」の神髄が見えないままの状況に陥ってしまった感は否めない。

私は、齢八十を目前にした今、全麺協に貢献できる時間はほとんどないに等しい。だが、山形県内で全麺協加盟の団体は、当会のみである。そば処としては面目ない次第である。県内のそば打ち集団で、地域振興を実践している団体は数多い。だから県内にもっと全麺協に加盟する仲間を増やす努力をするのが、全麺協とそば文化振興に貢献できるものと考える。

段位保持者が今後増大すれば、その過程で「そば道」が自然と身につく活動へとつながり、全麺協が発展していくものと考えている。

以上のような論文を提出した。その後、各地域のそば打ち仲間は地域活動で独自なそば文化を継承している。全国的にそば文化を広めようと活動している地域もある。だが、全麺協となるとまた別の課題である。そば打ち団体それぞれが持つ目的の違いからなのか、全麺協で一緒に活動するのは難しいと、県内のほとんどのそば打ち愛好団体は語っている。

またまた挑戦

五段位挑戦へと考えが変わったのが、平成三十（二〇一八）年の春、五段受験資格者の名簿が送付されてきた時である。当会には五人の資格保持者がいる。その中から受験希望者が誰も出てこない。私を除くと四人とも一家の大黒柱、そう簡単に受験の日程が取れる人たちではない。二度の挑戦から学んだのは、効率的に一回で筆記試験、技能審査を突破するには、誰かが論文から技能審査と意見発表を体験し、挑戦者に見合った学習方法を見つけ出す必要があると気付いた。それには自分自身が再度挑戦し、何とか技能審査まで到達する必要がある。その体験を生かし、これからの挑戦者への手助けになるのが年寄りの役目ではないかと考えるに至った。

折しも、毎年の恒例行事として、近くにある八幡宮の新年を祝う歳旦祭に、そば工房でそばを毎年奉納している。そこで私が傘寿を迎えた記念にそばを奉納することにした。その際、瞬間的に五段への挑戦が閃き、挑戦する意を固めた。

今回の論文課題は「一般社団法人 全麵協の十年後を見据えた時、今なすべきことはどのようなこととあなたは考えますか」である。この課題を何度も、何度も読み返した。課題に隠れているものは「何であろう」と考えて書いたのが次の論文である。


「現在、全麵協が永続する組織として事業を展開するのに何が課題なのだろうか」

現在の全麵協は発足して二十年を経過して、社団法人に組織替えして間もない。発足当初の組織は「そばによる地域おこし」を目指す町や村の地方公共団体が結集した組織が源となっている。そばで地域おこしをもくろむ公共団体をA会員。それをサポートする団体がB会員である。発足当時B会員には発言権も議決権も付与されていなかった。だが総会の案内は来る。B会員も仲間として認められていたからであろう。

そのころ（平成十二・二〇〇〇年）に私たちが全麵協に加盟した。翌年の総会が隣県の福島県山都町で開かれ、私が出席した。その時の総会で翌年、平成十四（二〇〇二）年度から公共団体以外のB会員にも発言権と議決権が付与されることになった。

その時、傍聴席にいた私が議長の許しを得て発言した。「私たちB会員は、母屋の軒下で遊ばせていただいているが、今度は母屋をB会員が乗っ取る時が来るのでは」との問いに対し、当時、会長の山都町町長吉田昭一氏は「そのような時代が来るかもしれない。そうなれば皆さんにお願いしたい」と述べられた。それから十数年を経て、現実にそうなってしまった。現在の社会情勢の変遷は激しく、我々には予想がしにくい。だが十年先の社会情勢がどのような状況になるのか予測は困難だが、夢を持って想像して考えたい。

現在、私は八十一歳になった。終活の真最中だが「地域のそば文化の向上に役に立ちたい」との一心から五段位に挑戦している。

現在、会員の動態を考えると、私的な見方だが、全麺協へ会費を納入している個人会員の割合は六十歳代以上の方が大半を占めているであろう。今年（二〇一九）年二月、寒河江で開催した東日本支部のイベント「そば大学」に参加した平均年齢は六十七歳だった。この人たちがそのまま十年後に移行するとは考えにくいが、現在の全麺協の幹部で活躍している方々の年齢に近くなろう。

十年後の会員構成を考えると現在の四、五十代の会員増強を如何に図るかが課題になってくる。

そば打ちという趣味の中で、人生の余暇を過ごす人たちで現在の全麺協が成り立っていることを考えると、先行きが心配な要素が幾重にも重なる。

そば打ちには人を喜ばせる要素がある。難しい水回しも、くくりや丸出し、切りの美しさも、茹であげた味も、礼儀の所作も、人が喜ぶ姿を見ての達成感も体験できる。このように人と人を結び、地域に貢献できる「そば打ち」を若い人たちに伝えられる人材を育成することが急務である。

私の体験から考えると、三段位を取得した後に、そば打ちに対し寒河江の地域から意外と認められるようになった。だが、二段から三段に挑戦できるまで丸一年間の研鑽期間が設定されている。この期間に充実した研修目標から、全麺協主催での勉強会の開催を希望する。四段の審査に必要なポイントを廃し、所属会長の推薦で決める改善を図ることも必要であろう。

——以上のような論文を提出した。

幸いにもこの論文が通過した。論文は縦書きで四百字詰め原稿用紙三枚。自筆での条件が付いている。私の論文はパソコンで下書きをしてから、原稿用紙に清書して提出している。従って漢字は用紙に写すだけで、筆記には困らない。だが、筆記試験には文章の手本がない。前回は漢字表記で時間を費やしてしまった。そこで先ず漢字の学習から始めることにした。小学生用の漢字練習帳を購入し、暇を見つけては漢字の筆記練習から開始したのが認定講習会を終了した七月ごろからである。

私は現在、地球温暖化防止推進員や自然環境保持活動、県立公園の森林案内などのボランティアを行なっている。その場所は山形県の南端、山形と福島に跨る飯豊山麓に近い県立公園「源流の森」で、そこでのボランティアを始めて二十余年になる。園内にはボランティアたちが利用できる手ごろなロッジがある。

ロッジにはガス、水道、電気が引かれ、トイレ、シャワー室付きで四、五人が休息できる施設である。そこを借り、ボランティアの合間に勉強をすることにした。仲間の協力もあり、一日中学習に集中出来る時間が取れた日が幾日もあった。だが、その勉強が全部脳裏に収まってくれたわけではない。

朝憶えたはずの古文書の名前、筆者、発刊年代などが夕方になると全てが忘却の彼方へと遠ざかってしまう。教本を何度も読み返し、書き写しても若い時のように頭にはり付くスペースが失われていた。幾度繰り返しても憶えられないと分かっていながらも、ボランティアの合間を利用して学習に励んだおかげで何とか筆記試験に合格した。

筆記試験は、①そばの歴史・文化に関すること、②ソバの品種・栽培に関すること、③ソバの栄養学と健康機能に関すること、④全麺協・段位認定制度に関すること、の四つの問題が設定されている。

①から③までの問題はそばとそば打ちに関する問題で、そば打ちを志す人ならば知識とし、当然、憶えなければならない事柄であろう。だが④は全麺協という組織内に関わる事柄であり、五段位の門戸を狭めているのではないかと考えている。そばの魅力を全世界に広めようとしている全麺協の段位制度であれば、組織運営は大切な事柄である。それならば④の問題の取り扱いを再考する必要があろう。

受験するからには、個人の考えがどうあれ、挑戦したからには全問題に全力でとりくまなければならない。幸い私は学習に良好な環境に恵まれている。自然を愛する仲間たちの支援を甘受しながら、暑い夏であったが飯豊山麓に広がる里山の一画に建てられたロッジの中で過ごした三週間余り、集中して勉強することができた。

その中で勉強の障害になったのが、大切なそば道のことである。段位認定講習会資料の裏表紙の裏面全部を使って「全麺協のそば道」が載っている。何故、「全麺協のそば道」なのだろうか、と考え始める。ただ単に「そば道」だけではなぜ駄目なのだろうか、単純に「そば打ち」だけで良いのでは、という疑念が押し寄せて来る。

そう考えると学習がストップして進まなくなる。そばを打つ人みんなが「そば打ち」には奥が深い所があり、探求心が湧き、そばを打つことが楽しく、食べる人も悦ぶことで長続きができる。美味しいそばを皆に食べさせ、笑顔を見たいだけの素朴な行為で満足できるのが

「そば打ちを愛好する私の考え」であると頑なに思い込んでいるからなのだ。

私はこれまで「〇〇道」というものに深く関わったことはない。日本には剣道とか柔道それに華道と茶道がある。これらの中には室町時代に生まれた茶道から、明治になってからできた柔道もある。文化の進歩に伴い完成されたものであろう。

今になって、和食の一部である「そば」をわざわざ「そば道」などと、ことさらいいださなくとも「そば」が和食の一部としての確かな存在であることが大切だと考えている田舎爺である。

これまでの数十年間は集中して机に向かうことなど滅多になかったが、五段位学科試験に改めて挑むにあたり、そば道についての思考が頭の中で堂々巡りを始める。こうなると万事窮すの状態に陥る。こんな時に備えて座机の後ろには枕を常備している。

ゆっくりと仰向けに倒れて一時休戦だ。目を閉じ、深呼吸を数回繰り返す。心地よい風が窓越しに流れ込む。遠いところで気の早いヒグラシが鳴き、アカショウビンがヒロヒロと囀り、キツツキのドラミングも森の奥から微かに聞こえる。

不意に誰かが話しかけてきた。「親父そのままでいいのだ」と。初段を受験した時に審査員の誰かが耳元で囁いてくれた「そばが風邪を引くよ」の声に似ていた。

福井で四段を受験した時の審査員の一人が鵜飼良平氏だった。そば打ちが進み、周囲が静寂に包まれている。聞こえるのは延し台と麺棒の接触音が軽い音を発しているだけである。まわりを見回す余裕などないが、音で進行状況が判断できた。全体より少し遅れ気味だが、進行は予定通りだ、四つ出し寸前の丸延しの最中だった。その時、私の延し台の前に一人の審査員が立ち止まった気配を感じて、思わず顔を上げ視線を合わせた。鵜飼氏だった、その時私は鵜飼氏が軽く、頷いているような感じを受けた。その瞬間、肩の動きが滑らかになったのを覚えている。平常心で最後まで力を出し切った。その時は、受験者の中で最高齢だったので、代表して認定書を貰うことができた。

そこで目が覚めた。夢を見ていたのだ。横になると時間の経過がすこぶる早い。気が付くともう夕刻、詰め所には明日の活動のために泊まる仲間のうち、一人や二人は居残り組が集まる。仲間の中には特殊な職歴を経て定年まで働いた後、ボランティアで子どもたちに自然を教えている人がいる。子どもたちに自然が持つ力を見せたり、訪れた人たちには公園の案内や人間と自然環境との関わりなどの解説をしている仲間たちである。その人たちと一夜を過ごすことになる。

私は泊まる人数を確認し、夕餉の準備に入る。それぞれが持ち寄った食材を調べ、今後の宿泊予定日数を聞き、食材を振り分けて調理を始める。長年の野外活動で培った短時間に調理できる得意料理がある。素材はナス、玉葱、豚バラ肉などの味噌炒め。あとは生キュウリをかじり、鶏皮と馬鈴薯の煮つけなどを肴に、ビールなどを持ちより、ささやかな小宴だ。自然への造詣が深い仲よしの仲間たち、心の打ち解けた同志との会話は元気と鋭気の源である。エリア内に生息するカブトムシ、カミキリムシ、クワガタ、ホタルなどの昆虫の生息位置、ビオトープの役割、樹種の用途、動物、樹木、昆虫の住み分け、案内ルートの点検をしながら豊富な経験を語り合い、情報の交換などで新たな知識が育まれている。互いに持つ得意分野の知恵と知識を交歓し合う会話には、生気が満ち満ちているので楽しさいっぱいの夜となる。

この時の宿泊人は私の他に二人。二人とも林野関係の官職を定年で退職し、その道のエキスパートで自然環境に対する畏敬の念を持ち、四季の変化と時空の流れ、自然に係わる生業の成立、生きとし生きるための食の連鎖など、自然界の持つ掟を知り尽くした人たちである。年上の私に対しては、常に労りの気持ちで接してくれる。それに対して私は趣味の調理で応えるのが精いっぱいの付き合いである。

狭いロッジの中、三人の寝場所はいつの間にか定位置になっている。私は、トイレの近く、段差のない上窓の下。寝支度をしている間に、誰かが私の寝具を整えてくれている。私は布団に寝るだけでいい。仰向けに寝ると室内灯は消え、足下灯だけがトイレのドアをほの暗く照らし、静寂が訪れる。

トイレに起きたのが二時ごろだったので、不思議な夢を見たのは多分朝方であろう。何となく前日の夕方見た夢の続きのようだった。「親父の言う通りだ、論文に書いた通りでいいのだ、初めの気持ちの通りやればいい」諭すような言葉遣い、姿は見えない、声だけである。初段を受験した時、私に囁いてくれた鵜飼審査員の声に似ているが、姿はどこにもなかった。潜在意識が夢となって見えたのかも知れない。他人様が良かれと思い、目標にしている「そば道」なるものがあってもいいではないか。我が道を歩んだとしても、残る人生は、そう長くはない。夢であるとしても不思議なもので、穏やかな気持ちに導いてくれた。

ロッジに寝泊まりする人たちは、何事でも摂理を重視した生活を送っている仲間たちなので就寝も早いし、朝起きも早い。お陰で早朝の学習は迷いもなく行なうことができた。

ある日､私が時々膝をさすっているのを見た仲間が『死ぬまで歩ける足腰は〈らくスクワット〉で作りなさい』という本を買ってきてくれた。このような人たちの励ましがあり、時間を見つけては学習に励んだ。

ボランティアの合間を縫っての学習のお陰で筆記試験は合格したというより「単に通過した」の感覚で、満足な成績ではなかった。やはり、自分の忘却の速度を棚に上げ、全麺協の段位認定制度に関する事項では設問の在り方など、設問への不満が先立ち、回答に戸惑ったが、気持ちは穏やかだった。

そしていよいよ技能審査に臨むことになった。高齢者に配慮して一・五キロを一・二キロに減らしての審査ではあるが、粗挽き粉の生粉打ち。粗といっても、どの程度のものか不明だ。見本を取り寄せることにしたが、ソバ粉の発送は実施日の一ヶ月前となっている。文面から察すると新ソバの収穫を待ってのことらしい。だが、晩夏に収穫する北海道はその年、収穫期の長雨に叩かれ、作柄は極端に悪いとの情報、どうやら新ソバを確保できないらしい。

粗挽きのそば打ちは未知の粉への挑戦ではない。二十数年前、秋田県皆瀬村のそば打ち大会での出会いがあった。山形県内でも粗挽き粉の生粉打ちは県内各地で行なわれている。だが、ほとんどが湯練りで、水だけで打つことはない。水練りに本格的に挑戦するのは今回が初めてであるが、今までの経験から考え、六回分の粉を発注して練習を始めた。当初の考えでは最初の三回で加水の分量を定めながら、延しを考える行程で練習をすることにしていた。

一回目の練習で、三八メッシュの篩《ふるい》を通すと、大匙三杯ほどの粗く黒い粉が篩の目を通らない。粗い粉を省くか鉢の中に入れるかで迷った。純粋に篩の役割を考えれば、篩に残った粉は異物と判断するのが正しいような気がする。しかし、篩を通らない粉の大部分は黒みがあり、甘皮の部分が多い。甘皮の部分には養分も多く、粘り気も豊富だと思いながらも、最初は除いて打つことにした。水加減のころ合いを見て、捏ねを開始すると急激に水を吸い始め、米粉を捏ねた時のようなググッと崩れるような感覚がした。もっと加水が必要と感じ、すぐ練りを止め再度水を加えた。これまでの加水に、さらにどの程度の水を加えるのか判断することにした。けれども加水方法にも課題があると戸惑いながら、これ以上柔らかすぎてもと思いながら練りを始めたが、やはりまだ加水が足りなかった。

加水の加減も判断できない。練りもしかりである。練りで塊を押す力の入れ方、手の平のどこの部分に力を集中すればよいのかをつかめぬまま、捏ねを繰り返してみる。塊の表面にしっとりした感が現われない。次第に塊の硬さが増してきて、謎が深まるばかりだ。こうなると年寄りの意地が出て来て、何とか一人で突破口を開こうと思案が始まった。

結局二度目からの加水のタイミングと、極め水、それに撹拌のやり方を研究することにした。加えて前から丸出しに迷いが生じていた。どうしても円に歪みが出て、真円に近い形にならない。従って四つ出しも満足な形に整わない。心臓の手術をうけたせいか左右の腕力に差が出ることは分かっていたが、二度目の手術以降、左右のアンバランスの度合いの感覚をつかむことができないままだった。四つ出しの修正に時間をとられ、均一な厚さに延し切れない。こんな問題が残る中、技能審査に臨むことになった。

当初の目的は、五段試験の全課程を体験することにある。あわよくば合格を夢見ていたが、合格の望みが薄いことは最初から分かっていたことであった。が、ここまで来たからには最善を尽くさねばならない。もがいている間に全麺協から購入した練習用粉は残り二回分となってしまった。二回分を最後の練習用にと残し、地元の粗挽き粉を購入し、練習をした。ところが新粉のため、粘りがあって打ちやすいので、加水加減の手触り、手の動かし方、粒子に水が行き渡るタイミングなどが、なんとなく分かりかけた。

毎週の定例練習会では、みんなの前での練習はできなかった。最初の計画ではみんなの助言を受けながらの筈だった。ところが最初の練習で水回しに失敗したので、何とか水回しだけはある程度でき上がってからとの考えに変わってしまった。年甲斐もなく恥をかくのを恐れたからであろう。とうとう最後までみんなの前で練習することはなかった。計画通りみんなからの助言を受けていればと後悔している。でも、六回目の練習でこれなら何とかなると思い、本番を迎えることになった。

技能審査と意見発表

審査は十一月十日と十一日の二日間。場所は東京都台東区区民会館、九階のほぼ全フロアを使って行なわれた。会議室で開会式と意見発表。ホールで技能審査、それに控室二つが充てられていた。

受付開始は午前九時から九時半まで、山形から一番列車で出かけても間に合わないので、前日に出かけることにした。乗車券やホテルの手配は知り合いの旅行業者に頼んだ。その数日後、寒河江の名人大会に参加する人で、審査会の手伝いをする「江戸流そば打ち二八の会」の人からの電話があり、審査会で私の手伝いをするので「必要なものはないか」との問い合わせがあった。温かい思いやりに甘え、切り板を借りることにした。予約してくれたホテルは本審査会場ビルの真向かいで、歩いて三分の所にあった。

受付開始五分前に到着したが、すでに六割以上の人たちでロビーは一杯になっていた。受付の名簿を見ると五十人中、四十九番。審査は十人で一組となり、四十一番から五十番は第五組に入る。第五組の技能審査は初日の最初で十二時からとなる。意見発表は二日目の最後の組み合わせとなっていた。

開会式場に入ると正面に「全麺協素人そば打ち第六回最高段位五段位認定会」のタイトルの横幕が貼られている。全麺協幹部役員、国会議員などの来賓を迎えての開会式。受験者は審査会に臨む服装で番号順に整列した。私は、そば工房揃いの緑色のポロシャツに手作りの帽子、洗濯したての前掛け、白ズックといつもの服装だが、やはり白い服装がほとんどだ。

式典が始まり、主催者挨拶の途中で大会名の横幕がパラリと半分ほど垂れ下がった。一瞬会場がざわめいたが、すぐに貼り直された。その直後の審査委員長、鵜飼良平氏の挨拶へと進んだ。鵜飼氏は開口一番「開催を表す横幕が半分垂れ下がってしまった。受験者の半分は落ちてしまう予感がする」と発言。この最初の言葉に、参加者の失笑が起き、緊張した雰囲気が一瞬緩んだが、これは今までの実績から出た言葉であろう、五段位はそば打ちの技だけではない。結果は合格率四四％横幕の落下の現象と一致した結果になった。

九時半から始まった開会式が終わり、技能審査は十二時からだが、開会式が行なわれた会場では十時半から意見発表が始まっている。九階フロアには緊張した雰囲気が漂っている。技能審査が始まるまでの約二時間余りは技能審査会場の設営、試験材料の手配と、手伝いの人が働き廻る。会場の都合で道具の搬入などの準備が大変なことだと察しがつく。

受験者は知り合い同士の会話もなく、ただぼんやりと控室にたむろすることになる。十一時ごろ弁当が来たので、すぐ食べ始める。東京風の弁当なのか、値段相応なのか判断をつけにくい。駅弁と比べれば上品な感じがした。お茶付きで千円の弁当だ。

食べ終えたころ、準備のための入場が許され、各自準備に取り掛かる。「二八の会」の協力を仰ぎながら準備万端整え、衛生検査となる。改めて審査項目を見ると衛生準備と示されている。その点数は九・六とやや低め。いつものことだが、満点の十点をいただいたことはほとんどない。頭髪などへの配慮、受験に対する気構えや態度に現われ、準備態勢が整っていなかったのだろう。

技能審査に臨む態勢は整っている。いよいよ粉の篩を開始した。粉の触感は練習用と変化はない。篩の網目の素材はステンレスに比べ、真鍮は滑りやすく落ちやすい割には通らないのが意外と多い。無理をして通したが、残った半分程を破棄することにした。

篩の役割は、異物の混入防止と粉自体に空気を含ませ、水回しの効率化を促すことにある。篩に残った粉を異物と判断するのか、視覚での判断は粗挽き粉特有の甘皮部分である。甘皮には比較的グルテンが残り、そばの風味を増す効果がある。それを承知で半分を破棄した。

水回しが順調に進む。加水は小分けして五回、極め水は六回目を注ぎ入れ、手で水を馴染ませた。その時点で手洗いをすることにしていた。木鉢全体をビニールで覆ってから手洗いに移った。慎重にいけば何とかこなせると感じた。十人中最も遅い時点で水回しを終えて、まとめの時やはり固いのかな？　の感じであった。でも行ける気がした。菊練りの表示をすることなど忘れていたが、遅れたのが幸いし表示もできた。だが、よく見ると練り方が満足な出来栄えでなく、検査後、再度練り直し延しに入った。丸出しを慎重に慎重を重ね、何とか真円に近い形に仕上げた。四つ出しの段階で厚さを二ミリ弱と決め、延しに入ったが、丸出しと仕上げで厚さのバラツキの修正の時、延し棒で水カップをひっかけ、残り水が床に散った。更に練り不足からの亀裂で合格を断念し、時間内の仕上げに全力を注いだ。何とか三分前に切り終えた。足元の清掃はできたが、床の水まで手が回らなかった。三秒前の挙手ですべてが終わった。

夕食を長野県松本から来た山川豊さんととることにした。山川豊さんは山形市出身で実家は山形駅の近くにあり、両親も亡くなって実家は空き家状態で、時々山形に来ているという。寒河江の大会に幾度も参加している顔馴染み、今回の全麺協中日本支部の「そば大学」ではホテルの手配などで大変お世話になった人だ。

今回、東京でも互いのホテルが近くにあり、夕食を共にすることにした。夕食にはまだ早い時刻だったが、ホテル近くの中華料理店に入ると、中国人の男性料理人が一人で店番をしていた。私はビールと餃子、山川さんは炒飯とラーメンを注文。山川さんは、酒は飲まないという。二人の会話は山形のことや、そば大学のことなどで、審査会のことには互いに触れなかった。私が二杯目のビールを飲み始めたころに、フロア係の女店員が来たので三杯目のビールを注文した。山川さんは中国語も話せるとのことで、女店員と中国語で楽しげに語り合っている。彼女は中国から来て六年になるという。思いがけず外国人が外食産業で多く働いている実態に接することができた。女店員も私の話す東北の方言に興味があるようで、楽しい時間を過ごすことができた。生ビール三杯で、千円でおつりが来た。

山川さんは第一組で初日に意見発表、二日目の最初に技能審査である。技能審査会場には誰でも入れるが、意見発表会場には未発表の人は入場できないことになっている。従って第五組の私は意見発表の会場には入れないので、誰の話も聞くことができなかった。

私の意見発表は最後から二番目、私の意見発表を聞くことのできない人は最後の一人だけということになる。私は意見発表の原稿を早々に書き挙げ、最初の出だしは次のように準備した。

指定されたテーマは「全麺協の十年後を見据えた時、今なすべきことはどのようなこととあなたは考えますか」であった。

実際の意見発表は、

「この設問を何度も何度も読み返しました。感じたのは全麺協の理事の方々が大変苦労されていること。それを痛感いたしました。私は、現在八十二歳。あと十年後はこの世にいないかも知れませんが述べさせていただきます」

ここまでは原稿の通りだった。次に出た言葉は、

「私は、ふるさと寒河江そば工房の代表として十数回以上総会に出席している経験からと、現在の個人会員としての立場、両面から考え、永続して発展を続けることを願って述べさせていただきます。

先ず成すべきことは総会への出席率の向上を図るべきと考えます」

と述べてから常々考えていることを訴えることができた。発表内容は用意した原稿内容とかけ離れてしまったが、理事長はじめ、執行部の方々を前にして意見を述べることができたこ

とは生涯で最後であろう。つねづね全麺協の発展を願っている者として、心配な事柄を述べた。実技試験に屈した悔しさではない。そこまで到達した経験が欲しかっただけである。この経験をうまく地域に伝えることが、老いたる者の役割なのだと勝手に考え、組織を愛する心の内を審査員たちに聞いていただいたことに感謝している。

松田さんの審査を担当して

鵜飼良平

鵜の会での筆者

松田さんが記憶している金砂郷での審査をしたが、彼が受験者の中にいたかどうかは記憶にない。その時は多分、段位認定制度が始まって、二年目か三年目ごろであったろう。その当時の初段の不合格者は、一会場で一割程度はいたと思う。松田さんは私が審査員であったようだとご記憶のようだが、茨城の時は審査員を担当したけれども、個人的な記憶はない。誰だったか分からないが、団子のような塊を一生懸命に潰していた人のことは何となく記憶にある。練り上げてから加水をするなど、見たことがなかった。その後の処理はどうだったかは分からない。私もそうだが審査員全員の判断で合格点には届かなかったのであろう。

その後、松田さんの初段合格の時は高橋邦弘さんが担当だった、というので、彼の審査のことは分からない。松田さんの話では、初段で二回不合格となり、その三年後に挑戦して合格したというから、努力の人なのであろう。

彼と本格的な交流が始まったのは、私が寒河江で審査員として招かれるようになった平成十五（二〇〇三）年からで「全麺協素人そば打ち段位認定制度」の初段、二段位と「やまがた素人そば打ち名人大会」の審査に請われて招かれるようになった時からである。

その時の審査員打ち合わせ会合の時、お互いの挨拶の中での話に、二人が昭和十二年の丑年生まれと知り、急に親しみを覚えた思い出がある。キーワードは学童疎開であった。というより、戦時体験であったと言ってもいいだろう。

その後、寒河江で平成二十一（二〇〇九）年から三段位の試験が行なわれるようになり、松田さんも挑戦した。松田さんだけ、紺色の上着だったのを憶えている。そのころから、菊練りの確認が行なわれ、作業完了後に打ち台に生舟、切り残し、打ち粉の使い残しの処理の仕方、木鉢、小間板、包丁を打ち台に陳列するようになった。脇机の清掃と使用した麺棒を並べ、周囲の清掃をして完了、の合図が求められた。清掃と整理整頓が完了するのに約五分が必要で、そこまでの所要時間が四十分ということになる。

寒河江で最初の三段位会に松田さんも受験している。技量で合格点に達したが、服装に粉の付着があるのが気になった。前掛けの上にも粉の付着が見られる。本人からは下腹に隠れて見えないらしい。紺色の上着に付着していたので目立った。まあまあの出来、と思ったのは切り方である。安定していた。結果は中ほどより少し上での合格であった。

その後は福井の四段の試験で、私が担当した。その時は寒河江から鈴木俊一郎さんと一緒だった。この審査の時は印象に残っている。松田さんは最終組だったし、受験者の中で最高齢だった。丸出しの時、延し棒の両端一杯を持ち、麺体の上に手を載せずに延し棒の両端だけを持ち、延し棒を転がしている。麺生地を右手で回転させ、左手には延し棒を持ったままで丸出しをしていた。

私は内心ハラハラしながら見守っていた。付き合いを始めてから十年近くなる。寒河江で段位認定大会を開始して二年が経過し、三回目から審査委員長を任されている。この時、受験者の誰かが全麺協へ寒河江の認定会のことを批判する内容の投書があった。

投書の内容は、「一部の延し台は変色している。生舟も黒くすみ、不衛生的だ。結果発表に時間がかかり過ぎ、不公平で厳しい」などの内容であった。私に対し、全麺協段位認定部会長から問い合わせがあり、投書の内容の真偽を尋ねられたことがある。主管責任者の松田さんにも、全麺協からの問い合わせがあったはずである。だが、そのことを私に尋ねることなど一切なかった。

松田さんは環境庁（現在は省）公認の環境カウンセラーで、樹木については熟知している。打ち台の変色も生舟の黒ずみも、材質の特性を活かした活用をしている。もちろん、寒河江での審査や運営に対し、一切問題はなかった。それまで寒河江では「やまがた素人そば打ち名人大会」を八回も運営している。全国的なそば打ち大会を実施しているのはその当時、福井と寒河江だけであった。

その中でも、寒河江では団体戦という、思いも付かないそば打ち大会を実施している。そば打ち大会の中で、これは寒河江が最初である。その中心にいる松田さんが四段位に挑戦している。旺盛な活動力は見習うものがある。

福井で開かれた四段位審査の時、松田さんの延し棒の使い方に問題点があった。丸出しの時、麺棒の両端に手があり、麺体の上に手を乗せていない。その問題点を理解している審査員であれば、ある程度の点数が得られたであろう。松田さんがその問題点を分かっている上でのことかどうかは判断できない。

だが、そのような延し棒の使い方をした経験のない人は、欠点と利点の区別が付かないであろう。その点を除けばまず合格である。結果は合格、松田さんは皆を代表して認定書を受け取った。

寒河江からの二人の挑戦者、鈴木俊一郎さんも合格した。私もほっとしたが、松田さんも嬉しかったと思う。その晩、交流会の後、二人を慰労しようと飲み屋に誘ったが、その店で別のそば仲間と合流となり、一層盛り上がった。二人とも疲れたのか早めに引き上げて行った。

平成二十三(二〇一一)年から寒河江で、全麺協東日本支部が始めたシニア大会が開始された。それにも審査員を務めさせていただいている。以後、寒河江で独自にシニアそば打ちジャパンカップと称し、毎年開催している。それに松田さんは毎回参加しているが、入賞とは程遠い位置にいる。松田さんの打ち方を見ると、技術的なものはある程度身についていることは確かであり、大会のたびごとに何か彼らしい工夫が随所に見られる。

その技術は完成度から見れば初歩的な段階で、いつも終始している。だからいい点数は得られないのだ。それを承知の上で大会に臨んでいるようだ。審査員から見れば「好感度はかなり低くなる」。でも毎回出場している。本人は「枯木も山の賑わい」のつもりなのだろうが、審査員としては決していい気分ではない。

その五年後から開始した丸延し大会も同じだが、この時は少し違うようだ。何となく挑戦者らしい雰囲気がある。寒河江の大会に出るたびごとに、松田さんとしては新しい試みが一つや二つがある。プロの目からすれば、その技は使わない方がいいと、経験上というより、プロも試している事柄が多い。その上でプロは別な方法を編み出している。

プロも松田さんと同じように試行錯誤の繰り返しをしている。毎日何キロもそば打ちをする人と、週に幾度か打つ人の差なのであろう。でも、常に新しい試みの中からプロでは見い出せないものも存在するから、挑戦することが大切だ、と私は解釈している。

日本食世界遺産への道

鵜飼良平

水回しの準備（鵜の会で）

そばからSOBAへ

和食がユネスコの無形文化遺産に登録されたのが平成二十五（二〇一三）年一二月のことである。

このことに直接関わることになったのは、関係職種である全国麺類生活衛生同業組合連合会代表として、登録申請者の一人となったことからである。

一般的に「和食の文化遺産」といわれているが、正式には「和食：日本人の伝統的な食文化」である。

和食の登録申請概要としては、

一、多様で新鮮な食材と、その持ち味の尊重。

・明確な四季と地理的多様性により、新鮮で多様な山海の幸を使用。

・食材の持ち味を引き出し、引き立たせる工夫。

ニ、栄養バランスに優れた、健康的な食生活。

・米、味噌汁、魚や野菜・山菜といったおかずなどにより、食事をバランスよく構成。

・動物性油脂を多用せず、長寿や肥満防止に寄与。

三、自然の美しさや季節の移ろいの表現。

・料理に葉や花などをあしらい、美しく盛り付ける表現法が発達。

・季節にあった食器の使用や部屋のしつらえ。（農水省の資料より）

ソバが我が国土に伝来したのは、縄文時代ともいわれているが、現在のように麺として食されたのは、戦国時代（約一六〇〇年代）以降のことであろう。現在のように大衆の間に定着したのは江戸時代末期（約一八〇〇年代）からで、特に大都会となった江戸を中心に広まったのであろう。

森鴎外の小説「雁」に、そばを食べたという記述がある。そのそば屋は上野池ノ端の蓮玉庵で、その創業が安政六（一八五九）年とある。幕末から明治初期にかけて、そば屋の商いが確立されたものであろうと考えられる。

日本食としてそばが昇華したのは、明治時代の初期のころからであり、和食としては新参者の一つであろうと思われる。

そばが日本食として改めて認識されるようになり、全国各地へ大規模に広まったのは全麺協が開催した「日本そば博覧会とそば祭り」の影響であろう。最初は平成四（一九九二）年に富山県利賀村《とがむら》（現南砺《なんと》市）で開催された「世界そば博覧会」であった。このそば博覧会を成功に導いたのは、利賀村の熱意と、小さな地方自治体が結集してそば祭りを支え、そばを生業とする麺業界・そば打ち愛好団体の三者が結集した力であった。その三者が集まった組織が「全国麺類文化地域間交流推進協議会」（旧全麺協）で、平成五（一九九三）年に誕生した。

利賀村で世界そば博覧会が開催された翌年から、旧全麺協が各地の自治体と共催で「日本そば博覧会」とそば祭りの同時開催を、全国各地で展開した。これに呼応して他の地域のそば屋さんたちも刺激を受け、そば打ち愛好者の拡大に伴い、そばを食する人口が増大した。コメの減反政策と相まって、その代替え作物としてのソバの生産向上に繋がった。

昭和時代の末期（一九八〇年代）から、そばブームの発端の兆しを後押ししたのは、多方面から地方のそば文化を紹介する幾多の書籍の発刊による効果も大きい。各テレビ局で見られる料理番組も和食に対する興味を喚起する大きな要因となった。

団塊の世代が壮年期を迎えるころになると、日本経済も世界第二位の経済力の座を占めるようになり、生涯教育とか生涯学習などが巷でも論じられ、自らが学習目標を定めて学べる、カルチャー教室などを、公共機関や大手企業が社会貢献事業として取り組む時代が到来した。

先に書いた日清食品のカルチャースクールで、私が担当したそば打ち教室もその一つである。マスコミ関係では、NHKや民放でも家庭向けの料理講座が放送され、俳句や書道の放送も盛んな時代を迎えた。こうしたマスメディアによる展開が大きかった。

そば打ちの場合には、水回しの段階から試食まで切れ目なく放映しないと、そば打ちの理解は難しいこともあり、十五分番組には向いていない。そんな訳でそば打ちはテレビ放送向きでなかった。

一方、日清食品のカルチャースクールでは、一つの単元が九十分となる。この講座でそば打ちを担当したお陰で、そば打ち講師としてさまざまな所から講師の依頼が来るようになった。

日本食の中で一つの食材だけが特別な扱いで取り上げられているのはソバだけのような気がする。それだけ調理と食べ方が多様性に欠けているからなのであろうか。イネ科の実を粉末などに加工して、利用範囲の多いのは小麦であろう。穀類でないタデ科のソバは品種も限られ、加工品としての種類も少ない。栄養価が高い割に利用範囲の幅が狭い。

それだけ麺としての食べ方を引き立てているのが汁であり、薬味などで変化を求め、そばのお供として日本酒があり、更に粉の粒子の大小、実の部位による変化の分別、季節、産地、製粉の方法、製粉までの保存や方法など、多岐にわたって変化に富んだものが出現している。日本食の一番重要とされているものに、出汁《だし》が挙げられているが、ソバと出汁との関係の極みをシンプルに融合させているのが「もりそば」である。

私はよく祖母から「お前はそば湯が産湯だった」と聞かされてきたが、手っ取り早く湯を沸かせたのが、そば釜だったに過ぎないとしても、何となく嬉しく感じたものだ。

こんな縁のお陰で、日本食が無形文化遺産の登録に関わり、そば文化の伝統を守る役割を担うことになった。そば打ちには「これが正しい打ち方」などは存在しない。皆さんの打ち方すべてが正しい打ち方なのだ。だが、より大勢の方々が「美味しい」といってくださるそばの打ち方を求めて精進することが、人生の喜びを感じるものと考える。

そば屋はそば屋らしく、お客様を満足させ、合点させる努力を惜しまない。素人は素人なりに楽しいのが、そば打ち人としての喜びがあろう。縄文時代から日本人に親しまれ、命を長らえるのに役立ってきたそば文化を、守り育てるのがそば屋を生業としてきた我が人生の目標であり、努めであろう。

鵜飼良平のそば打ち秘伝帳

鵜飼良平

篩・木鉢・麺棒・小間板・そば包丁・切り板

旧全麺協が創立十周年を記念して、素人そば打ち段位認定制度公認テキスト『そば打ち教本』が柴田書店から出版されたのは平成十六（二〇〇四）年五月のことである。その中に指導役として私の他に、高橋邦弘氏、唐橋宏氏の三人が、紙面でそれぞれ模範実演して個人の打ち方の手本となり、その解説をしている。

しかし初版から二十年近くも経過していることや、その間に段位の認定基準が数回改められていることなど、令和三（二〇二一）年の重版時には旧全麺協が一般社団法人・全麺協となって最初の『そば打ち教本』となったことなどから、新版として発売された。ここでは従前通り、初版本のまま三人の打ち手の技術がビジュアルに活かされている。

新版では、旧全麺協の協力者であった氏原暉男氏と中山重成氏、それに手本となった私たち三人の合わせて五人での座談会の模様も収録されている。司会を担当したのは、当時旧全麺協東京事務局長であった白川真弓氏であった。

この時の私の発言の要旨は、次のようなものだった。

「私は、そば屋を生業としている。そば屋でない人が自分でそばを打って食べる。その楽しみの中で、いかに美味しいそばを打つことができるか努力をする。その楽しみ方を知ってもらうことが大切だ」

これまでの間、私は全国各地のそば打ち大会、段位認定会、福井の全国名人大会とその予選会など、年間約四ヶ所としても二十年間で約八十回以上の大会審査員を務めてきた。各種の大会に挑んだ皆さんの、そば打ち技術の進歩が凄まじい勢いで進んでいる。これからも発展と進歩が見られるであろうと思われる。

だが、古人が築いた技にも、素晴らしいものがある。製粉にしても、ソバ栽培にしても、根強い伝統と技術に支えられている。それらも踏襲し、伝統を守り、保存しなければならない。そばも和食として世界遺産につながっていることを、忘れてはならない。

さて、そば屋の中には、そば打ち場がお客様から見えるような店造りをしているそば屋さんもある。上野藪そばでもお客様からそば打ち場が見渡せる店構えになっている。お客様から見れば、そば打ちは簡単そうに見えるのであろう。素人の皆さんが実際にそば打ちをやってみると、そう簡単なものではないと語る人が多い。家族に自慢できるそばにするには、少なくとも七、八回の練習が必要である。最初はそば打ち教室などでうまくいったとしても、家庭に帰って実際に打つと、習った通りにできないのが普通である。ここで諦めずもう少し練習すれば、ご近所様や親しい友人を招いてのそば振る舞いが可能になるであろうと思われる。ここまで到達すれば、そば打ちの醍醐味に魅かれること請け合いである。

そこで、これから初めてそば打ちをする人が、地域の人たちに自分で打ったそばを食べてもらえる程度に打てたり、それ以上に上達することを目指す方々に私流（今は江戸流などといわれている）のそば打ちの上達法を伝授しよう。

初級者へ――そば打ちを志すなら

そば打ちを志したらまず、地域公民館やコミュニティセンターなどを訪ね、そば打ちの講習会の有無を尋ねよう。それがない場合は、インターネットなどでそば打ちのグループを調べ出し、そこに参加するのが近道である。そば打ちにはある程度のスペースと幾つかの道具が必要だ。なので自前の道具がなくとも練習できる「そば打ち教室やそば打ちグループ」に頼った方が賢明である。練習を積むと道具などの知識も増え、自分に合ったものを見つけ出して、逐次、揃えていく方が自分に合った物を探すことができる。

ほとんどのそば打ちグループでは、練習に使うソバ粉などの材料なども、その場で手に入りやすく、その他の材料や道具の整っているというのが、そば打ちグループのいい所である。最初にそのような場所で習うのをお奨めする。

また、そば打ちを始めるのには「ソバ粉」などの材料、道具、打ち方の手順などの知識が必要だ。材料と道具の名称と道具の役割、使い方、次にそば打ちに関係する用語を覚えることも大切で、適度な教養も身に付くようになる。

ソバ粉

ソバ粉は大別して「挽きぐるみ」と「丸抜き」があり、さらに打ち粉（はな粉）、一番粉、二番粉、三番粉、すそ粉と分けている。挽きぐるみは果皮の付いたまま粉にし、丸抜きは果皮をとり除き、種皮が実に付いたまま粉にしたものをいう。

なぜ幾通りにも分けられるのかといえば、ソバの実は表面から中心に向かって硬度が高くなり、中心部分は粘り気が少なく、崩れ易い性質を持っているからだ。胚芽や葉芽を取り囲むように、澱粉質の粒子が配置されている。これが打ち粉、次に胚芽と葉芽が崩れたものが一番粉（更科粉）、次に二番粉と三番粉を合わせたものが並粉といわれ、ソバ粉として一般的に用いられている。各店舗で独自に玄ソバを製粉し、特色を出している店も多い。

挽きぐるみは玄ソバを粉にし、篩で果皮を取り除いたもので、全粒粉と呼んでいる。色の黒いそばになる。

最近はソバ粉の粒度の大きいものを看板にするそば屋も現われている。四段位、五段位の認定試験にも粒度の大きい粗挽き粉が用いられている。

ソバ粉は硬く粒度の小さいところから砕け粉になる性質を持っている。従って柔らかく粒度の大きいものは粘度が強く砕けにくい部分が含まれている。ソバ粉や小麦粉に対する粒度に規格はない。

小麦粉（割り粉、つなぎ粉）

ソバ粉と小麦粉の違いに、グルテンと水に馴染む性質の違いがある。小麦粉はソバ粉とソバ粉の間をグルテンでつなぎ合わせてくれる。小麦粉は水と親和性に富み、ソバ粉より早く水に馴染むのでソバ粉と小麦粉を均一に混ぜ合わせることが大切である。この点を私は重視している。

粉の中には空中に浮遊するくらいの微粉末も含まれており、勢いよくかき混ぜると浮遊するので、ゆっくりと静かに大きく撹拌することが大切である。

小麦粉は粒子の硬いのが強力粉で、軟らかくグルテンの量が少ないのが薄力粉と分けられる。

冬季になると空気が乾燥して粉に静電気が起きやすくなり、微粉末が木鉢の側面に吸い寄せられるので、水加減が変わってくるという人の話を聞いたことがある。それくらい微妙な水加減が求められる。

水と手水《てみず》（普通の飲料水）

水を加える（加水の極め水の）時、ほとんどの人が手水といって、指を窪ませ、カップの水を手に受けて振りかける。加水量を目測し、全体に振りかけるのだが、そのタイミングを見定めるのが難しいので注意が必要だ。

道具について

初心者は最初からそば打ち道具などは自前のものを持たずに、そば打ちクラブなどからの借り物を使い、順次購入するのが賢明だ。

道具については、道具の名称だけを列記し、使用目的、道具の役割などを説明することにする。

・木鉢（練り鉢のこと）：木鉢内径が四十センチ程度のもので底が平らなもの。ステンレスボウルでも代用できる。
・麺打ち台：延し台ともいう。テーブルなどでも代用できる。
・篩：四十目程度のもの（数字が大きくなると網目が細かくなる）。
・液体用の計量カップ（五百CC以上のもの）。
・麺棒：三本。直径三センチ程度で長さが九十センチのもの一本と百二十センチのもの二本。
・小間板《こまいた》：一枚。
・切り板（俎板《まないた》）：一枚。

・生舟《なまぶね》：生そばを入れる蓋付きの平たい箱。
・その他：刷毛《はけ》、打ち粉を入れる器。

持参するもの：でき上がったそばを持ち帰る器、タオルなど。

講師の打ち方を見学し、疑問点をメモする手帳など。

実際に打つ場合は、自分が打ったそばを持ち帰るための器を持参した方がいい。器は、密封器がよく、保冷材もあった方がいい。使い回しのできるものが理想的。器に入れる際には直接そばを入れるのでなく、敷紙（キッチンペーパー）も用意するのを忘れずに。敷紙は余分な水分を吸収し、そば自体の養生にもつながる。

そばを打つ心構え

いよいよ自分でそばを打とう。まず段位認定会の初段位を想定して、行なうことにして進める。

作業に入る前に、そば打ちに相応しい身支度を整える。足元からすると、室内用のズックが無難だ。柄のないズボンに前掛け（エプロン）、あまり派手な色合いでないもの。上着はTシャツでなく、襟の付いたもの。ズボンとのバランスを考え、清涼感のあるものが好ましい。頭部は髪を隠すような帽子や、大きめのもので髪が隠れるもの、バンダナでは小さい。素手での作業なので、爪の長さに注意して身支度を整える。

作業に必要な道具を打ち台の周りに配置する。練習会場では正面に麺打ち台。その上に練り鉢をセットする。延し台の脇に長机、練習会場では真後ろにも長机が設置されている。脇机に麺棒三本、篩と水の計量カップを置く、後ろの台には、切り板、生舟、小間板、包丁、刷毛、塵取り、乾いたタオル二本程度。手洗い水のバケツには、濡らしたタオル一枚。作業手順に合わせ、道具をセットする。

衛生と服装

段位認定会最初のころはTシャツで受験する人が意外と多かった。ふだんそば打ちは人前で打つものではなかった。だから作業着で打っても保健所などでは問題にしなかった。だが、段位認定会で審査員の前での作業となれば、また別問題である。寿司職人同様にお客の目の前で素手での作業と考える。

認定会での服装については審査員会の仲間でも幾度も討議され、襟付きは上着と評価し、ポロシャツでの受験が妥当と判断されるまで、時間がかかった。

何事も最初から完璧という訳には行かない。審査員の統一見解が出るまで、数年の時間がかかった。現在の審査基準・統一見解も時代と共に変遷が繰り返されることであろう。

旧全麺協では「素人そば打ち段位」であったのが令和二（二〇二〇）年度から「そば道段位」と名称が改められた。ただし審査の内容まで変わったわけではない。五段位が最高段位であったが、現在では八段位が最高段位となった。
以下のそば打ち解説は「上野藪そば」の打ち方や、商売の方針などをチョッピリ交えながら項目ごとに書いてみることにしておく。

材料
ソバ粉（並粉）五百グラム、つなぎ粉二百グラム、水三百五十ｃｃを用意する。

一、篩と粉の混合
木鉢が清潔であることを確認し、篩を木鉢に入れ、篩の中にソバ粉と繋ぎ粉を交互に入れ、篩の淵の合わせ目を片手で持ち上げ、木鉢の底から二〜三センチほど浮かし、篩に振動を加えると、粉が篩の網目を通り、落下する。篩を上げ過ぎると、粉が空中に飛散するので、上げ過ぎに注意する。小麦粉は粒度が小さく、玉になりやすく、篩に残る場合が多く、よく見定め指でつぶし落とす（篩の清掃ではない）。完全に粉が落ちたのを確認し、篩を元の位置（後ろの台など）に戻す。木鉢の中の粉をよく撹拌し、つなぎ粉とソバ粉の混合を丁寧に行なう。

篩の網目の大きさを示すのに「目」と「メッシュ」がある。目の方は一寸（約三センチ）角内にある縦と横の線の数を示す。メッシュはインチ（約二・五センチ）幅のこと。現在は網の材質もステンレスと真鍮が主である。真鍮の方は静電気が起きにくく、粉が落ちやすいといわれている。周囲の材は木や金属のものもある。全麺協では木の方を採用している。片手で持つ場合はわっぱの合わせ目が重なり強度があるのでここを持つのが望ましい。

私はこれまで二十数年間、全国各地の色々なそば打ち大会の審査員としてそば打ちを見て回ってきた。そこで感じたことと、終戦後に蓮玉庵の澤島師匠から受け継いだことなどを手本にして、私なりに改良をしたものを参考にして伝えることにする。

もちろん、私にとっては都合のいいことばかりである。読者にとっては必ずしも参考になるとは限らないと思われる。その点を頭に入れて読んで頂ければ幸いである。そのような訳で、ここからは初級者だけでなく、そば打ちを愛好する方々にも参考になればと思っている。

二、水回し

ソバ粉に水を加えることを「水回し」と呼んでいるが、そば粉の含水量は一般的に十四%～十五%前後といわれている。しかし、これは並粉で常温の場合である。粉の状況や打ち場の温度が極端に低い場合は違ってくる。ころあいを見て試しに一握り取り出し、練る感覚と全体を練る感覚に違いがあることを見極めて、極め水をする。極め水は最後の加水の意味であることを忘れないように。

極め水の場合、手水を使う人が多いが、直接水カップから注いでもよい。手に水を受けてから鉢に振りかける人が多いのは、手で一度水を受けることによって、微妙な水の量を目視できるからであり、木鉢内に広く散布できるという利点もある。ただ、鉢の中に芥子《けし》粒状の粉の塊があると、濡れている指に吸い付いてしまうので、そのタイミングを見定める必要がある。

慣れるに従って最初の加水を徐々に増やし、全量の八割程度まで入れる人もいる。水回しでは手の回転が早い人も見受けられるが、早すぎると風が起き、湿気を飛ばして乾燥を招くこともあるので、回転の時、効率の良い手の動かし方、あおり手、天地返しをバランスよく活用することが大切である。

三、練り

練りの仕事に二つの重要なことがある。一つは、粉の粒子と粒子の間の隙間をなくすこと。空気が生地の中にあると、茹でた時に空気が膨張してそばを切断し短いそばになってしまう。

空気を押し出すには一定の方向に向かって練り上げ、そばの持っている粘り気を引き出すことである。

木鉢の湾曲を利用し、そば玉の外側から内側へ、腕の力に頼らず背筋を活用し、腕を伸ばしてゆっくりと折り重ねるように押す。さらにそば玉を回転させながら、同じようにリズミカルに動作を繰り返す。そば玉の表面に小さな亀裂がなく、艶やかなすべすべした表面になるように仕上げる。

四、へそ出しと木鉢

そば玉を練る際、木鉢に強く密着させ、中に空気が残らないように奥の方から押し出すようにしながら、尻の先端まで絞り込む。宝珠のようにふっくらと丸みを持たせるのがよい。

木鉢は文字通り木製の鉢だが、昔は鉢など使わずにそばを打つ地方もあった。その場合は打ち台にソバ粉を盛り、窪みを作ってその中に水や湯を注ぎながら、菜箸などで練り込みを始める。少しずつ窪みの水に粉を加えながら、硬くなるに従い素手で練り合わせ、硬さを調整しながら仕上げる。鉢を使う場合と比べると労力と時間がかかる。鉢を使わずにそばを打つのは一般家庭では大変な作業だったであろう。こんな意味合いからも晴れの食べ物になったのではないかと考えられる。

かつてそば屋さんで使われていた練り鉢は、ほとんどが木製であったろうと思われる。戦争中は、所によっては陶器製のものも使われた。今は耐久性のあるプラスティック製が木製より安価で手に入る。

木製の鉢の木材には一般的に広葉樹が多く用いられている。栃、欅《けやき》、桂、ブナなどがある。多いのは栃であろう。欅は乾燥すると硬いので加工が大変だったと思われる。栃も桂も大木になり、板目で厚いものが手に入り易かったこともあろう。加工しやすく、重量も欅に比べると軽い。

そば打ちの鉢は、なぜか外側が黒で内側が朱の漆塗装が多い。無垢材による水分の吸収を防ぐためと、材質の保全によるものである。木目や彫り跡の美しさを強調した拭き漆のものなどさまざまある。漆は防水と防腐の役割を持っている。

現在はプラスティック製が多いが、木と比べて薄く軽い。そば打ちでは底に力が加わるので底が厚いものを選ぶと良い。大きさも内径で四十〜四十五センチ程度で、三キロぐらい打てるのが目安であろう。用途の広いステンレスのそば打ち用のものも出廻っている。

五、鏡出し（地延し）

円の端の部分から手の平で延すのを一巡すると、中心部に厚い部分が小山のように残る。

この形が平安時代から使われた古い鏡の形に似ていることから「鏡出し」といわれている。「地延し」ともいう。

鏡出しで手の甲に手を重ねて延すのは、両手だと下に押す力が強くなるからである。手の平にも弾力があり、一気に押すと段差が大きくなり、段差に亀裂が出ることがあるので、力配分を考え、数回に分けながら徐々に平らに延して行く。手の平の部分だけ使うのは、指の部分で凹凸が出ないようにするためと、押す面積が少なくなり、延びる効率がよくなるからである。上になった手の人差し指と中指の指先の腹で、そば玉の先端部分を内側に軽く押すと亀裂を防ぐことができる。鏡出しを終えた段階で麺体の厚さは一センチ以下、七、八ミリ程度になる。

水回しで書いたように、手の平でそば玉の固さや柔らかさ、厚さを感じることができる。父はよく「十二の目を持て」といっていた。十本の指先にも神経を集中するように、と諭してくれた。

六、丸出し

延し棒を使う。延し棒を真下に押す力と、前方に転がす力を、左右の両手に均等に与えることが必要になってくる。これには、ある程度熟練が必要だ。最初は真下にだけ押して転がすことに専念したらどうだろう。いつの間にか転がしながら押し進められるようになる。鏡出しが小さすぎると、延し台との摩擦が少なくなり、麺体が延し棒と一緒に動いてしまうので、鏡出しを確実に行なってからかかること。

七、四つ出し

丸い麺体を巻き棒に巻き、力を均等にかけることが大切で、力のバランスと形を見ながら、楕円形から正方形に仕上げる。転がす回数や形状を見ながら、正四角形にすることが目標になる。(角《つの》だしともいう)

八、肉分け

厚い部分をどこに移動させるのかを考えること。作業の手順を考え、延し棒を前後に動かすだけにして、麺体を移動させながら作業を行なうようにする。

九、幅出し、本延《の》し

ここまでは、打ち粉はできるだけ控えめにするといい。麺体同士または、打ち台との接着を避けるのを重点に使うようにする。打ち粉はそば本来の味が乏しいので、使い過ぎると、そばの味を損なうので、極力抑えるようにする。

十、たたみと切り、打ち粉落とし

たたみと切りの段階では、打ち粉を十分に振る。特に切り板の上には十分振るように心掛けよう。切り板と包丁の刃先が、完全に接していない場合が多々ある。それを防ぐために切り板の上に厚めに振る、というより敷き詰める感覚でよい。切り終えたら十分に振り落とすことが大切である。

十一、生舟入れ、養生

切り終えたそばを、一時保管用の箱に入れて保管する時の注意事項。家に持ち帰る時は、一度に茹でる量を考えて、キッチンペーパーなどで分けて入れるとよい。密封器などは意外と温度が上がり易いので、保冷剤などがあればなおよい。

打ち立てより、三十分から数時間養生した方が美味しいと評価する人もいるので、それを計算に入れて、客が多い時などにはあらかじめ多めに打つか、改めて追い打ちをしている店も数多い。

打ち立てが美味しいという話の起源はいつごろからいわれるようになったのであろう。私が考えるに、これは相当昔のことでなかろうかと推測している。

江戸末期か、明治の初めころ、池ノ端の蓮玉庵の創業が文久元（一八六一）年、明治維新の七年前である。そのころのそば屋の状況を想定すると、仕事帰りの職人にそば屋の主が「旦那、打ち立てのそばですよ」との呼び声で「では、ちょっと手繰《たぐ》って帰るか」などの風景が見えてくるような気がする。

そんなことから三立てが生まれても不思議ではないと考えられるが、実際はどうだっただろうか。

そば打ち全般

戦後、再びそばの隆盛期が始まり現在に続いている。これは、日本で生まれた根っからのそば文化なのであろう。平成三（一九九一）年に富山県利賀村（現南砺市）から始まった「世界そば博覧会」。福井で始まった「全国素人そば名人大会」は二十五回、山形県寒河江市の「やまがた素人名人大会」も二十四回と続き、越前そば道場で始めた素人そば打ち段位の格付けが平成五（一九九三）年から始まり、全麺協の段位認定のモデルとなり、翌年に越前そば道場の段位制度と合体して、発展してきた。

このことは大変有意義なことであったと思われる。そば打ち愛好者にとって、段階を踏んで上達していく目安として、段位が設定され、大まかな目安として、初段は家庭内での評価、二段はご近所や友人に褒められる程度、三段ともなれば、イベントなどの時、人前で打てる腕前、四段ともなれば初心者への指導や段位の審査員。ましてや、愛好者グループで指導的な役割やそばに関わる知識も、自ずと備わるものなのであろう。

この三十年間にも満たない期間の、そば打ち道具の進化は目を見張るものがある。麺棒も最良とされた檜材も国産のものは少なく、米檜といわれる外材に頼っている。現在の麺棒の材質も針葉樹系の檜葉や唐松から広葉樹系まで、と豊富になり、木材の乾燥技術の改良により、材質による狂いも少なくなった。それと新素材の出現で誰もが気軽にそば打ちに挑戦できるようになり、喜ばしい限りである。

そば打ちの普及に大きな役割を果たしたのは、全国麺類文化地域間交流推進協議会の発足であり、平成十六（二〇〇四）年に発刊した『そば打ち教本』の役割が大きい。江戸で発祥したそばの打ち方を「江戸流」と呼び、広めたのが『そば打ち教本』であろうと思う。

江戸打ちの特徴は、延し棒一本と巻き棒二本が一般的。短いのが延し棒で麺生地を延すのに使う。巻き棒は麺生地を巻いて養生するのに使い分けられている。

延し棒の使い方で、単純に真下に押して転がす場合と、下に押しながら指の平で前後に転がす場合とがある。下に押しながら転がすのは、麺棒の扱いに慣れていないとなかなかできない。時間をかけて体得することが必要になる。使い方もその都度違うので、その場に適した転がし方を習熟することになる。

木材を主材料とする小間板の枕材に黒柿や紫檀など硬い木が使われるが、薄い刃の場合には注意が必要だ。切り板なども素材が豊富になり、桐、朴、柳の板目材、木口を寄せ合わせたものなどもあり、利便性も良くなったが、材質の特徴を理解して選ぶのが肝要だ。

そば切りには「切り板」と呼び、俎板とは区別している。

一般的に俎板は肉や魚、野菜と調理全般に使い、水洗いをする。そば切り板に水は厳禁である。

近年、私が注目しているものに「そば切り包丁」がある。昔のそば打ち職人は「そばは包丁の重さで切る」ともいい、刃先は刃止をして切れ味を鈍くして使う、という人もいた。今は軽く、薄い刃で鋭い切れ味が好まれている。落とし切りが主流となり、包丁と切り板の接触する微かな音がするだけで無駄な力が入らず、切り板と包丁の衝撃も少ない。道具の使い方により解釈の違いがあって特色が出る。

昔、そば切り包丁の刃渡りは長いもので一尺程度だったであろう。刀匠のような腕前の鍛冶屋さんはそれ以上のものを作れたと思うが、そば切り包丁は一般的な鍛冶屋さんに注文して作られたものであろう。資材や鍛造技術が発達した現在、一尺以上で薄く軽いものが手に入るようになり、鏡面仕上げで見事なものもある。

道具の進化とともにそばの打ち方だけでなく食べ方や好みも変化し多様化が進んだ。これからもそばへの探求が続くであろうが、素朴なそばの味を守るのも大切な役割であると考えている。

そばの三立て

昔から美味いそばの条件として「そばの三立て」といわれている。だが、私は時と場合によっては必ずしもそうではない、と感じる時がある。「そばの三立て」の言葉がいつごろから語り継がれたのか。もし、そばの黎明期が江戸時代末期とすれば、そのころと現在と比べるとソバの栽培技術、種子の改良、玄ソバの貯蔵方法、流通、そばに仕上げてからの保存方法なども、茹で釜や燃料も比較が出来ない程、進化し改良が加えられてきている。そこで、私なりに「三立て」を今風に合わせて解釈を試みることにする。

今は九月上旬になるとそば屋の店先に「新そば入荷」などの登り旗やポスターが出る。新そばの風味も格別だが、採れ立ては三立ての中に含まれない。これからは三立ての中に加え「四立て」にしてはと思ってはいるが、人それぞれで決めればいいとも思っている。

前書きはこれくらいにして「三立て」とは、挽き立て、打ち立て、茹で立ての三つだ。この三つの条件がいつごろからいわれ始めたのであろうか。

落語の「時そば」には出てこないので、それ以降のことであろう。茹で時間やお客様とのタイミングなども関係したであろう。そば屋同士の競争意識を掻き立てる言葉である。粉の挽き立てを重要視しているのは、粉にすると劣化が早まり、風味が落ちるからだ。これを防ぐのに割り粉と混ぜて保管する。今は玄ソバの保存方法も冷凍や冷蔵保存、雪室、窒素ガス注入などと多種多用に開発が進んでいる。上野藪そばでも、独自に国内の各産地から玄ソバを購入し、一年分を冷蔵保存している。

三立てには入らないが、一番重要なのは収穫直後の新粉で打ったそばは格別だということである。今は収穫も、機械化が進み、コンバインでの収穫がほとんどである。けれども稀に少量であるが、昔の方法による手刈りで収穫したものはまた一段と美味しい。これは、タデ科のソバやイネ科の作物に見られる、後熟成を活かした収穫の方法で、刈り取った後、茎ごとに乾燥させてから脱粒して収穫する。機械化が進む前までは、この方法で収穫していた。現在は趣味の成せる仕事だ。でも、このような手法で収穫している産地は今でもごく一部に残っている。種子採取専門の栽培農家に自治体が補助金を出して手刈りをしている地域もあるが、種子生産農家に対する補助で、発芽率優先でのことだ。

話が横道にすぐ脱線してしまって申し訳ないが、秘伝だから仕方がない。それにしても、収穫したての新そばはやはり美味しい。

新そばの風味を楽しめるのは収穫から一ヶ月くらい、それを過ぎると次第に香り、色合い、風味の順で玄ソバでの保存中に熟成が進み、緑の色合いが消えてしまう。これはソバが生きている証であり、自然の営みである。冷蔵などで熟成を人の手で遅らせているに過ぎない。それでも冷蔵保存で保てるのは翌年の二月ごろまでであろう。採れ立てで楽しめるのは一月末ごろまでであると思われる。後は次の収穫期まで待つのもいいではないか。

次は打ち立てであるが、これは打ち上げた直後のことではなさそうである。今は打ち上げてから三時間程度経過してからの方がいいとされる。特に新そばの場合は、前日の夕方に打ち上げ、一晩寝かせたものも、格別な美味しさがある。

東北の会津や山形では十月になると霜の降りるような寒さになる。そんな日に打ち上げたそばを生舟に入れ、外気の通る場所に置き、生舟ごとに夜露に晒して翌日お客様に提供する。このようなことをしているお店もある。

食すると、独特のキリッとした締まりを感じた記憶がある。打ち立て直後のそばを釜に入れると、付着している打ち粉が邪魔をして、すぐにはそばが釜の中に沈まないというような現象も起きることがある。現在は生舟に入った状態で保冷庫での保存が可能で、養生が促され、そばの角が立ったまま、ある程度の打ち立ての状態で保つことができるようになった。

打ち立てと養生の時間的バランスで、うま味と食感を長持ちさせられるようになった。お客様に満足していただくために、常に追い打ち体制を整えて、三立てをいつも楽しんでいただいている。

そば打ち段位審査あれこれ

鵜飼良平

私は東京上野でそば屋を営む「藪安」の二代目の子どもとして生まれ、先代から引き継ぎ三代目のそば屋として生業を立て「藪安」の店舗を改築し、店の名前を「上野藪そば」に改めてから、五十年以上も経過した。現在は四代目がそば屋「上野藪そば」を引き継いでいる。根っからのそば屋の年寄りである。

小学一年生の時には太平洋戦争の東京空襲に遭い、父は兵役に出征し、残された家族は東京の空襲から身を守るため祖母の故郷、石川県七尾市に疎開した。二年生の夏に日本は敗戦国となり、未曽有の食糧難の中、復員した父を中心に元の地、焼け野原となった上野にそば屋「藪安」を再興した。

根っからのそば屋が素人のそば打ちを評価するのはお門違いなのかも知れないが、長い間、素人の皆さんにそばの打ち方を伝えてきたことが機縁となり、平成四（一九九二）年に富山県利賀村（現南砺市）で開催された「世界そば博覧会」に関わりを持って以来、旧全麺協の設立にも関係することとなり、そのつながりで、日麺連の役職を退いた今も、全麺協そば道段位技能認定、特任審査員に名を連ねている。約三十年もの間、全麺協とのお付き合いが続いている。

そば屋を生業としているわが身は、全麺協の会員にはなれないが、そば打ちで地域振興を目指した中山間地域の自治体、そば打ち愛好者たちの皆さんと共に、同じ道を歩んだ三十数年間である。

素人の皆さんがそば打ちの技の到達の目標として、階段を登るように見立て、最初に段位を設定したのが、福井市の中山重成氏が主宰する「越前そば道場」だと聞いている。

私はそれより少し前に、生涯学習活動の一環として企業や文化活動団体の依頼を受け、「そば打ち教室」などに出向き、一般市民の方々から「そばの打ち方」の指導を依頼され、講師役を務めていた。

中山氏と出発点は違うものの、素人の皆さんを対象にしたことが共通点であった。私のそば打ちを受講した皆さんがサークルを作り、練習成果の到達段階となったのも全麵協の段位であった。

中山氏の発想を元に、旧全麵協の全国的な組織と中山氏の段位技能評価の融合点が合体し、素人そば打ち段位認定となり、現在の全麵協そば道段位となっている。

大まかな流れは簡潔である。越前そば道場の段位認定は道場内の内規で決められるが、全国組織の全麵協となれば、そう簡単には行かない。

全麵協では平成八（一九九六）年度に「素人そば打ち段位認定制度検討委員会」を組織し、私は検討委員の一人に選任された。委員会では審査項目や審査の在り方など、具体的な原案は高橋礼文教授や氏原暉男教授が受け持ち、私は細かい仕草や道具の取り扱いなどを、技術面の提案としてまとめ上げ、認定基準として平成九（一九九七）年の旧全麺協総会で開示して了解を得て実施されることになったのが、平成九年七月からである。

段位認定の最初の課題は、誰が審査に当たるのかであった。段位制度の普及も大切だが、技能的な課題だけでなく、地域社会への貢献度、後輩に対する指導力などの吟味も必要であろう。当時それらの課題から最高段を五段とし、四段位以上の段位に対しては、制度発足から四段位まで到達するまでの間に、段位認定部会を設け、検討することにした。

全麺協の段位認定制度の発足後、最初に四段位を受験する資格を得るには、順調に行って四年の歳月が必要である。その間に段位認定部会では、四段位・五段位の審査員の資格や審査内容を検討し、事前に公表しなければならないことになる。

その後審査員資格制度の内容について関わることはなかったが、全国審査員として段位制度創設当時は各地で審査を担当し審査員として審査の講評など求められる機会もあった。

当初は初段位、二段位の審査から始まったが、審査員同士でも打ち粉の使い方に対する考えなどにも差があった。私はそば屋の店主の立場からの目線で審査をした。自分自身は、十九歳で上野池ノ端の蓮玉庵で、本格的なそば打ちを体験していた。その時の師匠は蓮玉庵の店主、澤島健太郎氏であった。澤島氏の指導の中に、麺打ち台での作業中は「打ち粉は控え目、麺体に振る時は打ち粉を手で撫でるな」であった。この時の話を要約して、時折講評に使った。すると「鵜飼審査員は打ち粉を多く振ると減点する」という噂が、たちまち全国に広まった。

そば屋は経費の無駄遣いを避け、少しでも利益につながることと、いかに美味いそばを打つかに力を集中している。そこが審査の基点と私は考えている。

私が本格的なそば打ちに出会ったのはまだ高校生の時である。そのころのそば屋の事情は、ソバ粉は中国やソ連からの輸入品で占められ、ほとんどのそば屋は機械でそばを打つのが普通であった。そこで蓮玉庵の澤島氏は、そば屋で働く子弟の希望者を集めて、そば打ちの勉強会を開いた。それを手伝ったのが自分の本格的なそば打ちとの出会いであった。その時、澤島氏の助手的な存在であったのが、私には好都合であった。助手として、気楽な環境での手伝いだったので、師匠の口癖や、注意点を指摘する所などがよく理解できた。それが門前の小僧的な役割であったことがよかったのかもしれない。その時に習ったのが、打ち粉の使い過ぎに対する注意点だった。

打ち粉はでんぷん質が多く、そばの味としてはないに等しい。打ち粉を打つ時に多く使ってしまうと、打ち粉がそばの中に食い込み、水分を奪い、そばの味を薄くする要因になる。だから使用量を少なくするのが望ましいと教えられたことが、私の体に染みついている。そのため、つい言葉に出てしまう。

打ち粉を振ったら「手で撫でるな」ともいう。撫でる必要のない程度に振りまくのだが。この技などは一朝にして出来る技ではない。

次に服装のことだが、作業場でそばを打つのに、Tシャツはすごくいい。だがお客様の前でのTシャツは、と考えた場合、どうなのか。これは個人的な見解としては分かれる。Tシャツでもいいという人もいれば、駄目だという人もいるかもしれない。審査員の間で話し合われたことは、Tシャツは下着だと見なされる場合が多いということだった。Tシャツでもユニフォームのようにカラフルでチーム名など染め抜かれ、着色したものもある。それでもやはり下着と見なすことになった。一般にいわれる「襟付きのポロシャツ、調理師用の服装」で、ということに決まった。

運動量の多いスポーツ大会など、公式な試合の時はチームの決められたユニフォームを着用する。そう考えると、そば打ちの段位認定会は公式の場、と考えていただきたい。そう思えばおのずと服装も決まってくると考える。

だが、落とし穴だと思えるのが履物のことだ。新品であっても外履き用と感じられる履物は避けた方が賢明だ。食べ物は室内で取り扱うのが通常であろう。

審査員と主催者、出場者で幾度か話し合われたのが「手洗い」の件であった。当初、手洗いも試技時間内に含まれていた。手洗いをサッと済ませた人を減点の対象とするなどの噂が流れ、手洗いの方法まで問題視するなどが数年続いた。

いつごろからか、手洗いは事前に済ませ、衛生検査も事前審査となり試技時間に含まれなくなった。

このように審査項目は同じでも、審査内容に改善が行なわれている。審査の地域による格差をなくすには、全国審査員の役目は大きいと感じている。ただ、審査会は一種の試験でもある。会員内の練習会などでは、指導役を担う人でも失敗もする人もいれば、いつも出来が悪い人でも、その時だけ上手くできる人もいる。常日ごろの実力を発揮できずに何度も挑戦する人もいる。

手足に障害を持った人で何度も挑戦した人も私は知っている。その姿を見ると涙が湧いてくる。寒河江では連続して審査員を続けさせていただいていると、同じ段に続けて参加している方がいる。その方たちの打ち方の進歩が見られて楽しくなる。丸出しにしても昨年と比べると同じ動作なのに、身体の動きに鮮やかな切れが見え、動きが滑らかに見えたりする。

寒河江の審査を省みて

鵜飼良平

寒河江の「やまがた素人そば打ち名人大会」が新型コロナウイルスの感染拡大がなく、順調に開催されていれば、令和三（二〇二一）年の開催で二十五回目の筈だった。私と寒河江の松田さんとの話し合いでは、二十五回の記念大会まで審査員を務める約束であった。寒河江での段位認定会では、三回目の平成十七（二〇〇五）年から審査員長として役目を果たしてきた。

当時は東京都も東日本支部に所属していたので、審査員として当然問題はなかった。平成最後の年に東日本支部から、首都圏支部に分かれることになった。三段位までの審査員は支部内で行なうように、との全麺協の方針があり、支部内の審査員で充足できるまで組織が充実し、支部外に出向くことが少なくなった。だが、寒河江の「やまがた名人戦」は審査員の規制がないので、二十四回の審査員として招かれている。

寒河江の名人大会は恒例行事として毎年、十二月の第一土曜日が全麺協の段位認定技能試験、翌日の日曜がやまがた名人戦となっている。皆さんと交流があるので金曜日の夜から二泊三日の日程で出かけることになる。

私が最初に審査員に招かれたのは平成十六（二〇〇四）年のやまがた名人大会の七回目、段位認定会が二回目の年からである。以後、連続して審査員を努めさせていただいている。

寒河江との最初の出会いは旧全麺協総会後に開かれる交流会の席上だった。当時、旧全麺協の総会は東京湯島天神近くの町村会館で行なわれ、交流会は近くの居酒屋で開かれた。私の出席は居酒屋での挨拶から始まるので、堅苦しい雰囲気ではなかった。

その前年だったと思うが「鵜の会」で寺西夫妻から寒河江で開かれた「やまがた名人大会」での様子が報告され、名人位となった寺西大三郎氏から「副賞が沢山出るので、トラックで参加するのを勧める」などの話で盛り上がった記憶が残っていた。

その翌年の平成十六年の旧全麺協総会後の交流会の席で、そば工房の皆さんと初めて出会った。その時は寒河江の方たち三人が私を取り囲むような形で、自己紹介をされた。今思い出すと松田さん、鈴木さんと大沼さんの三人のトリオだった。三人から名乗りを受け、寒河江での段位認定会とやまがた名人大会の審査員の依頼の、口頭での打診であった。開催期日を聞き、即座に承諾した。それには、寺西夫妻からの事前の話を聞いていたからである。何の躊躇もなく回答してしまったのは、旧知の友からの依頼を受けたような感じだったからだ。

十二月の大会には寺西恭子さんも審査員として招かれていたのも、その後の会合で知ったが、開催の一ヶ月前にはＪＲの旅券が送られてくるなど周到な手配を感じた。その時は指定された時刻の電車には乗れず、乗車券を変更して出かけた記憶が残っている。

用意してくれた宿は割烹旅館で、寺西さんと松田さんと私の三人での打ち合わせというより初対面同士の食事会的なものだった。互いの自己紹介のような話から、私の少年時代の話になり、私が小学一年生の年に祖母の実家のある石川県七尾市に一家が疎開した話になった。私は縁故疎開で七尾市の小学校に転校したことを語ると、縁故疎開という言葉に松田さんが異常な反応をしたので、驚いた記憶がある。

当時は太平洋戦争で日本が急激に劣勢に陥り、都市部や工業地帯に連日連夜の空襲があり、私たち一家も東京を脱出し、空襲の少ない祖母の実家を頼って疎開した。その話から私と松田さんが同い年であることが分かり、戦後の混乱した体験話の共通点が多くなった。そのようなことで「そば打ちと同い年」の関係でこのような文章集を編むことになり、そば打ちを愛好する皆さんに何か役に立つものをとして二人のそば人生を書き残すことになった。

これからの江戸のそば

鵜飼良平

あと数年で米寿を迎える歳になって思うことは、これまでそばと共に歩んできた人生の中で、心の芯棒と商いの支えになっていたのは、祖父母が起こした「藪安」の暖簾を引き継いだ父母たちの姿である。

父と母と祖母は、戦中の混乱した時代と戦後の食糧難と物資不足の中を必死に「そば屋・藪安」の暖簾を守り抜いた。私の人生は藪安というそば屋の中で育まれた人生であった。

幼年期から始まった太平洋戦争の中で小学校に入学した。そのころから東京への空襲が始まり、次第に日本の敗戦が色濃くなり、東京への空襲が激しさを増した。空襲から逃れ祖母のふるさと、七尾市に疎開したのは小学一年生の初夏の時。そして二年生の八月十五日に敗戦の天皇の勅諭を、祖母のふるさとで聴いた。

それから敗戦後の激動する社会を乗り越え、長じて父から藪安を引き継ぎ、店の名称を「上野藪そば」に改名した。その傍ら「そば食と生涯学習」が結び付いた一般庶民を対象にした「そば打ち教室」の講師役となった。そのようなことから、東京都内の麺類業界の牽引役に推されることになった。業界の役柄には、東京から日本全体の麺業界の代表となって、その職務を全うし終えたと思っている。

過去を振り返り、これから東京のそば屋業界としては、和食としての「そば」をどのような形にして保存発展させるのか、そのための道筋を考えてみる。

現実社会の変遷は私がこれまで経験した範囲をはるかに超えている。地球の温暖化、気候変動、資源枯渇やSDGsなどとの課題が挙げられるが、持続する発展の中で老体が思いを馳せることなど蟻の歩むほどの価値もないであろう。だが、今を生きる一人の人間として考えてみる。やがては、地球に生息するすべての生き物に食糧危機の時代が訪れる心配があるが、日本の明日の食糧を考え、我が国の食糧自給率を考えると、一見国産のように見える鶏卵はじめ食肉用の豚や牛などへの飼料や、葉物の青野菜の種子などのほとんどが外国に依存しているのが現実であり、食の安定補給が根元から危ない時代になっている。我々が本気で日本の食糧を国産で賄えるよう、根本から考えを改める必要があろう。

幸いにも、そば屋で扱うソバ粉は国産のものが多い。ソバは数千年前、日本に渡来したものだといわれている作物である。今は品種改良され収穫量も多くなり、食味も優れているものがある。その一方で全国各地域で昔ながらの在来種といわれるソバで、根強い人気を保っている銘柄もある。それらを上手に組み合わせ、その店その店の特徴づくりをして日本産のソバの需要の拡大につなげることが、今後は大切だと思うこのごろである。

あとがき

ふるさと寒河江そば工房　相談役　松田伸一

人と人の出会いとは不思議なものである。

私は現在八十歳を越えているが、その人生のほとんどを、祖父の代から続く寝具店の仕事に携わってきた。元来「いや」とは言えない軟弱な性格で、頼まれると何でも役柄を引き受け、そこから学び取ることに生き甲斐を感じるようになってしまった。さまざまな公共活動や地域おこしのボランティアに積極的に参加して、それらを楽しいものにしている。推されて市議会議員となり、四期目で市長選に出馬し落選する。身勝手な活動をする中、地域おこしの「そば」との出会いがあった。

それまでおよそ関心のなかったそば打ちへののめりこみも、元はといえばＪＡの地方振興策の一環で、昔からこの地方では普通に食べられていたそばを、地方と都会を結び、生産者と消費者の直接取引を促す構想の一環として、観光資源にする計画の担当指導者を依頼されたことに始まる。

お金をいただいてお客様に来ていただく以上、いい加減なことはできない。ＪＡからは「正式にプロに習ってほしい」とまでいわれて、そば打ちに関わったのが間違いのもと？　であった。

もともと子どもの自然観察活動や環境保護運動に関係したキャンプ活動などで、野外での食事に、そば打ちを取り入れたことがきっかけだったのだから、人生はわからない。普通の企業の会社員ならば定年を迎える年代になってから、農協の婦人部の人たちと共にわざわざ他の自治体まで出かけ、そば打ちを習うことになった。観光バス会社のガイドさんからお客様の迎え方のマナーを教えてもらったりした。そば打ちの道具類を揃えるために、その経費の算段に奔走する。一方でプロのそば屋さんに教えていただいたそばの打ち方を忘れてしまったりして、およそ悩んだり歳をとることも惚ける暇もなく、東は北海道から西は兵庫県まで動き回ってきた。

運命とはこういうものかもしれない。六十代半ば過ぎになって、地元の寒河江で行なわれる素人そば打ちの段位認定会の審査委員長として来ていただいた鵜飼氏と、誕生年が同じだった。一方は疎開経験者、他方はその受け入れ側経験者。こんな出会いから、親交が始まり、それが今でも続いている。しかも一方はそば打ちのアマ、他方はプロのそば店主。その活動ぶりにあおられたか、私は五段位に挑戦まで行なった。

太平洋戦争中、昭和十八（一九四三）年ごろから子どもたちを戦火から守るため、小学三年生以上が組ごとに強制的に命じられたのが学童疎開だった。それより年下の子どもたちは家族と一緒に親戚などを頼る縁故疎開をした。

鵜飼氏が経験されたのは縁故疎開である。私も小学二年生の時に終戦を迎えたが、同じ教室に三人の縁故疎開児童がいて、都会から避難してきた側と迎える側の、立場の違いはあったが共通した時代の体験をしている。私は迎える側であった。今の若い人は恐らく知らないだろうが、私の世代は、それを忘れてはならないことだと思っている。

私は、地域おこしとそばから離れずに暮らしたい。

これまで約三十数年間、そばに関する事柄を学び、そばを打ち、地域振興に少しでも役立つようにと大会を開き、全国各地からそば打ち仲間が寒河江に集うようにと尽力した。毎年の大会では鵜飼氏に講評をいただき、古いそば文化の伝統と新たなそば文化の道標を示唆してもらっている。

七回目のやまがた名人大会から現在まで同じ顔触れで、鵜飼氏には「やまがた名人大会と初段、二段、三段位」の審査員を務めていただいている。ありがたいことである。

「山形名人大会」も回を重ねた。コロナの影響で三年間休止したが、今年の十二月大会で二十五回になる。お互いに米寿を間近に控え、後輩に会長を引き継いだ。だが二人とも、そばとの縁が切れることはないであろう。

数年前から巷に「終活」なる言葉が出回り始めた。高齢の方による老後の暮らし方、家族や近隣社会との付き合い方を描いた著作も目立つ世の中になった。

一方で「人生百年時代」との声も聞こえ、今までの生き方を修正しなければならないこともある時代である。

終わりのけじめをつけることも必要だが、今の人生を精一杯楽しんで、できることを自分のペースで活動することもまた求められている。私の場合はそばとの出会いと、そば打ちを通じて培った人のつながりが大きい。限りある人生をできるだけ生かせる活動、特にそば打ちを続けていきたい。

おしまいに、いつもご多忙であるにも関わらず、この出版企画に快く応じて頂いた鵜飼良平氏と、多くの協力者の方々に、この場を借りてお礼申し上げたい。

二〇二三年　秋

◉参考資料

『そば打ち教本』監修：全国麺類文化地域間交流推進協議会　柴田書店MOOK
『改定　そば打ち教本』監修：全国麺類文化地域間交流推進協議会　柴田書店MOOK
『新版　そば打ち教本』全麺協そば道段位認定制度公認テキスト　柴田書店MOOK
『そば屋のおやじのひとりごと』鵜飼良平　取材・構成　大槻茂　三一書房
『そば打ちの真髄』DVD　江戸から受け継がれた手打ちそばの技　（一社）全麺協　鵜飼良平
『標準日本史年表　吉川弘文館
『読む年表　日本の歴史』渡辺昇一著
『蕎麦春秋　52-61』
『東京大空襲』
『蕎麦辞典』植原路郎著　東京堂出版
『竹やぶの蕎麦』阿部孝雄著　三水社
『麺類杜氏必携』藤村和夫著　ハート出版
『日本文化の原型』別巻　青木美智男著　小学館
『おいしい穀物の科学』井上直人著講談社
『蕎麦辞典』（改訂新版）植原路郎　改定編者　中村綾子　東京堂出版

『蕎麦の辞典』新島繁編著　柴田書店
『そばの基本技術』　柴田書店
『そば学』井上直人　柴田書店
『ソバ、そば、蕎麦を究める』野上公雄著　茨城新聞社
『ソバのつくり方』菅原金治郎著　農山漁村文化協会
『北のそば屋さん』渡辺克己著　北海道新聞社
『木の教え』塩野米松　草思社
『雁』森鷗外　新潮社
『科学的にみた「そばQ&A」』安田武司　アグネ承風社
『江戸時代とそば切り文化』なにわ天下茶屋そば打ち倶楽部　梶尾　清著
『寒河江市史』寒河江市市史編纂

◉ 鵜飼良平 (うかい・りょうへい)

1937年、東京生まれ。江戸そばの伝統を継承する「上野藪そば」の三代目主人。1973年、藪系列の店で初めて完全手打ちに切りかえて以来、業界の技術指導者として活躍。2000年、「東京都麺類協同組合」の理事長に就任。2002年、一般社団法人「日本麺類業団体連合会」の会長に就任。2005年一般社団法人東京都食品衛生協会の会長に就任。2010年、公益社団法人「日本食品衛生協会」の理事長、一般社団法人「日本蕎麦協会」の会長に就任し現在に至る。2003年、秋藍綬褒章、2015年秋旭日中綬章を受章。

◉松田伸一（まつだ・しんいち）

1937年、山形県寒河江市生まれ。1944年、国民学校入学。1956年高校卒業、松田綿店を引き継ぐ。1982年中学生キャンプ野営長。1993年、ふるさと寒河江そば工房立ち上げ設立発起人。大石田町でそば打ち習得。1997年、第一回やまがた素人そば打ち名人大会開催。1999年、旧全麺協に加盟。1998年、初段挑戦不合格。2001年、初段合格。2003年、二段位合格。この年以降各地そば博・そば祭りに参加。2009年、三段位合格。2015年、四段位合格。2018年、五段位に挑戦。現在ふるさと寒河江そば工房相談役。

そばを打つ　そばを語る

2023年11月10日　　第1版 第1刷発行

著　者―― 鵜飼 良平・松田 伸一 © 2023年

編　集―― 大西 旦

発行者―― 小番 伊佐夫

装丁組版― Salt Peanuts

印刷製本― 中央精版印刷

発行所―― 株式会社 三一書房

〒101-0051

東京都千代田区神田神保町３－１－６

☎03-6268-9714

振替 00190-3-708251

Mail: info@31shobo.com

URL: https://31shobo.com/

ISBN978-4-380-23005-9　　C0077　　Printed in Japan

乱丁・落丁本は在庫のある限りおとりかえいたします。

上野やぶそば三代目店主、　鵜飼良平が本音で語る、　そばとそば屋の話。
そば好きにお勧めの書！

上野やぶそば三代目　鵜飼良平

そば屋のおやじのひとりごと

取材・構成　大槻茂

…江戸には気の短い働き者の職人が大勢いた。
昼飯に時間をかけていられない。ぱっと食べて、　さっと切り上げる。
だから、量が少ない。ゆで上がりが早くて、かまなくてもいいように、そばは細い。
労働者の舌が満足できるようにと、　つけ汁も濃い。
量が少ないから、　腹が減る。で、　またおやつみたいに食べる。
江戸そばというか、　江戸風と呼ばれるそばには、　そういう背景がある…

本文より

四六判　ハードカバー　143 頁
ISBN978-4-380-16000-4　c 0077